나와 세상을 살리는
착한 웃음

나와 세상을 살리는
착한 웃음

한국웃음연구소 **이요셉 · 채송화** 지음 | **최영순** 그림

하루를 춤추게 하는 웃음 편지, 나는 지금 행복을 선택한다

나무생각

 **머리말**

하루 하루 기분 좋음을 선택하자

사람들은 '웃음연구소' 하면 항상 웃고 있는 곳인 줄 압니다. 웃음과 행복을 나누는 곳이기에 불친절이나 불행은 없다고 생각합니다. 하지만 이곳도 사람이 어울려 살아가는 곳인데 늘 기분 좋은 일만 있겠습니까. 다만 그러한 이미지를 만들기 위해 늘 노력하고 있습니다.

대표적으로 우리는 아침마다 웃음운동을 합니다. 웃고 즐기는 마음을 나누며 하루를 시작하자는 뜻에서입니다.

웃음운동은 매일 출근 후 시작합니다. 15분 동안 웃음연구소는 놀이터를 연상케 할 정도로 떠들썩합니다. 웃음을 나누며 하루를 시작하면 불만이 담긴 고객의 전화에도 최고의 서비스를 제공할 수 있습니다.

요즘은 웃을 일이 없다고요? 그럴수록 웃어야 합니다. 저희는 어림잡아 5천여 명의 성공한 CEO를 만났습니다. 이들의 공통점은 힘들 때도 남들보다 더 웃었다는 점입니다. 웃으면 복이 오는 것이 순리이지, 복이 와야 웃는 게 아닙니다.

영국 BBC 방송에서는 '행복이란 기분 좋음이다.'라고 정의합니다. 외부에서만 행복을 찾으려 하기 때문에 행복을 찾는 일이 어렵고, 행복을 쉽게 잃어버렸다고 생각하는 우리에게 새로운 생각을 열어준 정의라고 생각합니다.

행복은 밖에 있는 것이 아닙니다. 바로 우리 안에 있습니다. 그리고 지금 살고 있는 삶에서 오는 것입니다. 오늘 아침에 일어나서 생명이 있음에 감사할 수 있는 것이 행복이고, 보도블록 사이에 피어난 들꽃 한 송이를 보고도 '우와, 벌써 봄이네!'라고 느낄 수 있는 것이 행복입니다.

그 작은 행복들을 나누고 싶다는 마음에서 2004년부터 〈웃음 편지〉를 시작했습니다. 저희의 의도를 말로 설명하지는 않았지만 〈웃음 편지〉를 받고 계신 분들은 놀랍게도 '기분 좋은 행복'을 보았다고 말씀해 주셨습니다.

"아침에 〈웃음 편지〉를 읽고 나면 하루가 춤추는 기분이에요."
"공부하느라 지친 딸에게 웃으면서 시작하는 하루를 선물하고 싶어요."
"저희 기업에서는 전 직원에게 선물하고 있습니다!"

이런 격려 덕분에 지금까지 〈웃음 편지〉를 배달할 수 있었고, 책으로 엮게 되었습니다. 7년째 〈웃음 편지〉를 배달하면서 가장 성숙

해진 것은 다름 아닌 저희들인 것 같습니다. 글을 쓰면서 하루 하루 기분 좋음을 선택할 수 있었기 때문입니다. 좀 더 웃을 수 있었고, 좀 더 감탄할 수 있었고, 좀 더 배울 수 있었습니다.

웃음이 없는 사회는 사막과 같습니다. 그런 사막에 행복과 희망의 씨앗을 뿌리는 것이 웃음이라고 생각합니다. 봄에 열심히 씨를 뿌린 농부가 풍성한 가을을 기대할 수 있듯이 하루 하루 만들어내는 웃음이 행복이 되고, 또 희망의 결실을 거둘 수 있을 것이라 생각합니다.

행복을 선택하세요.

이요셉 · 채송화

차례

머리말 • 하루 하루 기분 좋음을 선택하자 _ 4

1 내 안의 네잎 클로버를 찾아라 _ 14
2 마더 테레사의 미소를 지어라 _ 17
3 있는 그대로의 자신을 사랑하라 _ 19
4 슬픔을 버려야 오래 산다 _ 22
5 안티를 찬티로 만들어라 _ 24
6 최고의 유산을 남겨라 _ 27
7 인간관계에 기술을 걸어라 _ 29
8 마음의 레모라를 잡아라 _ 31
9 Now & Here, 지금 여기를 살아라 _ 34
10 1센트 동전의 링컨을 기억하라 _ 36
11 위기를 기회로 삼아라 _ 40
12 Do it now! _ 42

13 작은 변화가 큰 차이를 만든다 _ 46
14 좋은 생각이 좋은 결과를 낳는다 _ 48
15 운 좋은 얼굴을 만들어라 _ 50
16 영혼에 파랑새를 키워라 _ 53
17 콤플렉스에 당당하라 _ 55
18 웃음이 행복한 일터를 만든다 _ 57
19 행복과 결혼하라 _ 59
20 당신을 위해 용서하라 _ 62
21 마음을 바꾸면 또 다른 세상이 보인다 _ 64
22 울상을 복상으로 바꿔라 _ 68
23 행복은 마음에 있다 _ 70
24 넘지 못할 산은 없다 _ 74
25 긍정의 삶을 선택하라 _ 76
26 사람의 마음을 얻어라 _ 80
27 웃음은 건강을 부른다 _ 83
28 좋은 에너지를 키워라 _ 85
29 신념에 못을 박아라 _ 88
30 Smile First, 먼저 웃어라 _ 92
31 억지로라도 웃어라 _ 94

32 내 인생의 VIP를 챙겨라 _ 98
33 이 길이 아니면 다른 길을 가라 _ 100
34 무엇을 줄 것인가 생각하라 _ 104
35 사랑으로 도전하라 _ 106
36 나이를 잊어라 _ 110
37 살아야 할 목적을 찾아라 _ 112
38 절대 긍정을 만들어라 _ 116
39 우뇌의 힘을 키워라 _ 119
40 행복지수를 높여라 _ 122
41 자신감을 키워라 _ 124
42 행복 습관을 길러라 _ 128
43 웃음지수로 극복하라 _ 130
44 감사노트를 써라 _ 134
45 웃으면서 밥값 하자 _ 136
46 행복한 척이라도 해라 _ 140
47 혀를 다스려라 _ 143
48 행복 필터를 사용하라 _ 146
49 즐거움이 시작이다 _ 148
50 긍정의 스위치를 켜라 _ 152

51 첫인상의 매력을 키워라 _ 155

52 즐기면서 일하라 _ 157

53 세상에 공짜는 없다 _ 160

54 스트레스를 다스려라 _ 164

55 재치를 활용하라 _ 166

56 포용의 리더십을 키워라 _ 170

57 명품처럼 살아라 _ 172

58 고정관념의 틀을 깨라 _ 176

59 진짜 즐거운 일을 찾아라 _ 178

60 내가 웃어야 거울이 웃는다 _ 180

61 먼저 웃음을 팔아라 _ 182

62 가장 가까운 사람에게 가장 좋은 얼굴로 대접하라 _ 186

63 좋은 소식을 만들어라 _ 188

64 마음과 생각을 지켜라 _ 190

65 말똥을 보면 조랑말을 찾아라 _ 194

66 매일매일 마음을 씻어라 _ 196

67 계속 도전하라 _ 198

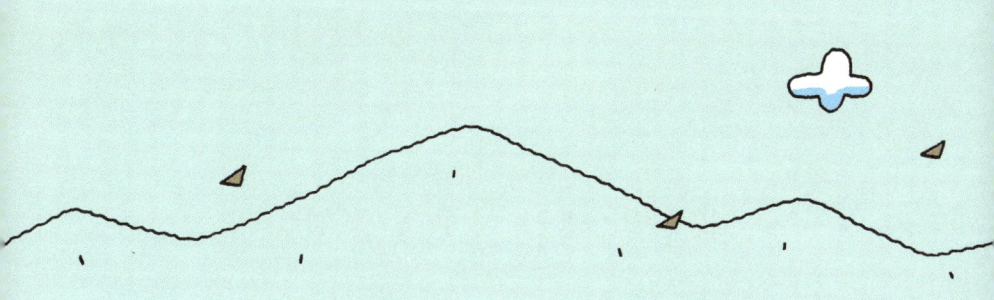

나는 지금 행복을 선택합니다.

|
내 안의 네잎 클로버를 찾아라

건설 회사를 운영하는 한 기업가와 미팅을 했다. 그 기업가는 경제적으로 여유가 있다며 우리에게 사업을 제안했다.
"제가 돈을 댈 테니 소장님이 운영을 해주세요."
그가 말한 아이템이 우리 연구소의 관심 분야가 아니라 거절했지만, 이유가 궁금했다.
"그런데 사장님께서는 왜 저를 사업 파트너로 지목하셨습니까? 저는 시쳇말로 가방끈도 길지 않고 특별한 배경도 없는데."
그의 대답은 단순하고 명료했다.
"소장님은 잘 웃고 있기 때문에 잘될 수밖에 없거든요."

일본 최고의 갑부 사이토 히토리 씨는 십 년째 세금을 가장 많이 낸 사람이다.

"부자가 되는 비결이 뭡니까?"

부의 비결을 물었을 때 나온 대답은 의외였다.

"부자가 되려면 운이 좋아야 합니다."

"그러면 운을 좋게 하는 방법은 무엇입니까?"

"행복해야 합니다. 행복해야 긍정적인 마음을 가질 수 있고, 긍정적인 마음은 옳은 판단을 할 수 있도록 만들기 때문입니다."

그래서 사이토 히토리 씨는 항상 웃는다고 대답했다.

운을 좋게 하고 싶다면 항상 웃는 얼굴을 유지하라!

> 행복하기 때문에 웃는 것이 아니라
> 웃기 때문에 행복해지는 것이다.
> ― 윌리엄 제임스

2
마더 테레사의 미소를 지어라

마더 테레사는 수녀를 뽑을 때 세 가지 기준을 두었다.

첫째, 잘 먹는 사람

잘 먹는다는 것은 건강하다는 증거이기 때문이다.

둘째, 잘 자는 사람

잘 자는 사람은 원만한 인간관계를 가진 사람이기 때문이다.

셋째, 잘 웃는 사람

잘 웃는 사람은 누구에게나 친절하기 때문이다.

인도 캘커타 '죽음을 기다리는 집'은 한마디로 돌볼 사람이 없어 버려진 사람들과 병든 사람들을 옮겨와 편히 죽도록 도와주는 곳이다. 그런데 그들을 위해 준비된 것은 시멘트 바닥에 낡은 침대뿐이다. 결코 미소 지을 수 없는 환경이다.

성녀 마더 테레사도 때로는 미소 짓지 못할 상황이 있었을 것이다. 그래도 그녀는 더욱 가치 있는 삶을 위해 이런 말을 남겼다.

서로 미소를 지으십시오.
아내, 남편, 자녀에게 미소를 지으십시오.
마음에 드는 사람에게만 미소를 짓지 마십시오.
날마다 남을 헤아리는 사랑이 마음속에 싹트게 하십시오.

미소는 나의 행복이요, 보는 사람의 행복이다. 사람이 70세까지 산다고 가정할 때, 하루에 열 번 웃는다 해도 평생을 합치면 고작 80일 정도의 시간이다. 100세까지 산다 해도 웃음 없이 살았다면 그것은 의미 있는 인생이라 할 수 없다.

> 대부분의 사람들은 행복해지려는 결심의 강도에 따라
> 그만큼 행복해지는 것이다.
> ― 셰익스피어

3
있는 그대로의 자신을 사랑하라

그녀는 딸딸딸 집안에 넷째 딸로 태어났다. 그러다 보니 태어나자마자 구박 덩어리가 되었다.
"아들로 안 태어날 거면 태어나지나 말지……."
그녀를 처음 본 할머니의 말이었다.
'나만 태어나지 않았더라면 이런 일은 없었을 텐데…….'
자책감 속에서 중학생이 되었고 고등학생이 되었다. 그녀가 정상적인 사회생활을 못하는 것은 당연한 일이었다. 네 번, 다섯 번 자살을 시도했다. 남 앞에 서지도 못했던 그녀를 웃음연구소 행복여행 프로그램에서 만났다.
그녀는 계단을 오르내리며 중얼거렸다.

"난 내가 좋다. 난 내가 참 좋다. 난 내가 아무 조건 없이 참 좋다……."

엄마에게서조차 사랑한다는 말을 들어본 적이 없었다. 그럼에도 이제는 괜찮다, 스스로 인정해 주면 된다고 생각했다.

"난 내가 좋다. 난 내가 참 좋다. 난 내가 아무 조건 없이 참 좋다……."

일부러 다른 층의 화장실을 다니면서 계단을 오르내릴 때마다 계속 자신에게 말했다.

"난 내가 좋다. 난 내가 아무 조건 없이 참 좋다……."

쏟아지는 눈물 속에 자신이 아름다워지기 시작했고, 세상이 아름다워지기 시작했다.

내가 나를 사랑하지 않고는 남도 나를 사랑할 수 없다. 내가 나를 사랑하는 만큼, 남도 나를 사랑한다. 헤르만 헤세는 "인생의 주어진 의무는 행복뿐이다."라고 말했다. 행복을 위해 우리는 의무를 다해야 한다.

> 웃음은 마음의 치료제인 동시에 몸의 미용제이다.
> 당신은 웃을 때 가장 아름답다. — 칼 조세프 쿠셀

4
슬픔을 버려야 오래 산다

100세를 넘겨 장수하는 '백세인'은 80세인 '팔순인'보다 10배 이상, 60세인 '환갑인'보다 12배 이상 많이 웃는다는 조사결과가 나왔다. 백세인은 고령임에도 연령과 관련된 질병이 적고, 신체적으로는 허약하지만 정신 건강은 양호하다는 기사가 실렸다.

근심 걱정 정도를 보아도 백세인은 팔순인에 비해 6분의 1 수준에 그쳤다고 한다. 근심 걱정이 적다는 것은 그만큼 스트레스가 없다는 이야기이다. 또한 백세인은 텔레비전에서 슬픈 장면을 볼 때 상대적으로 잘 울지 않는 것으로 나타났다. 그들은 슬픔에 빠져 있기보다는 많이 웃었는데, 이것이 그들의 장수 비결이라고 했다.

소식(小食), 저체온, 적절한 자극, 성공과 학력, 긍정적 태도, 주위 사람들과의 친밀한 관계, 주거환경. 이것은 현대과학이 밝혀낸 7가지 장수 비결이다. 그러나 웃지 않는다면, 그래서 마음이 슬프다면 아무리 관리해도 건강할 수 없다. 근심 걱정을 버려야 웃을 수 있고, 웃어야 장수할 수 있다.

우리가 헛되게 낭비한 것은 웃지 않았던 날들이다.
— 샹포르

5
안티를 찬티로 만들어라

미국 전역을 열광하게 만든 독창적인 작가 엘버트 허바드에게 그의 글을 신랄하게 비판하는 독자의 편지가 도착했다. 주먹을 날려도 시원치 않을 판에 허바드는 그 독자에게 답장을 보냈다.

"그 대목에 대해 곰곰이 생각해 보니 저 자신도 만족스럽지는 못하더군요. 어제 쓴 글이라 해도 오늘 다시 읽어보면 마음에 다 들지는 않습니다. 이 부분에 대해 당신의 의견을 알게 되어 저는 정말 기뻤습니다. 다음에 이 근처에 오실 일이 있을 때 방문해 주시면 이 점에 대해 우리 함께 철저하게 검토해 보기로 합시다. 서로 멀리 떨어져 있지만 힘찬 악수를

보내는 바입니다."

엘버트 허바드는 끓어오르는 분노 대신 인정을 선택했고, 친절을 선택했다.

세상 모두가 내 편일 수는 없다. 때론 내게 아무 짓도 하지 않았는데도 무작정 싫은 사람이 있다. 특히 연예인들은 공인이어서 사람들의 이야깃거리가 되기 쉽다. 명품을 좋아하는 한 연예인은 안티에 대응하는 방법으로 솔직함을 내세웠다. "저 명품을 너무 좋아해요. 좋은 걸 어떡해요." 솔직히 시인했을 때 안티의 마음을 돌릴 수 있었다.

살다 보면 나에 대한 안티를 가장 가까운 곳에서 만나기도 한다. 가족일 수도 있고, 직장 동료일 수도 있다. 그들이 나 자신도 인식하지 못하는 점을 지적할 때는 당황스러울 수 있지만 겸허히 그 의견을 받아들여라. 겸허한 수용은 좋은 감정을 만들고, 좋은 감정은 찬티를 만든다.

웃음은 행복의 보증수표다.
— 스탕달

6
최고의 유산을 남겨라

한 기업가가 자녀에게 어떤 유산을 남길까 고민에 빠졌다. 병원에서 이미 대장암 말기 진단이 내려졌기 때문이다. 고3, 고2인 두 딸에게 무엇을 유산으로 남겨줘야 할까.
웃음연구소 행복여행에서 한참을 웃고 돌아간 그는 다음날 다시 찾아와 말했다.
"아버지로서 남겨줘야 할 유산이 뭔지 알았습니다!"
"뭔데요?"
"제가 최고로 즐기는 모습을 남겨주고 갈 겁니다."
그는 아버지의 빈자리에 슬픔과 절망을 남기고 싶지 않았다.
"아버지를 생각할 때마다 행복을 떠올릴 만한 추억을 남기고 싶습니다."

행복은 부모가 남겨야 할 최고의 유산이다.

탁월한 사업가이자 교육가였던 폴 마이어는 20대에 백만장자가 되었다. 자신의 책 《성공을 유산으로 남기는 법》에서 밝혔듯이 최고의 유산을 물려받았기 때문이다.

"웃음이야말로 자녀들에게 물려주어야 할 가장 귀중한 재산 중의 하나이다. 나는 종종 잃어버린 날들을 꼽아보며 나의 삶을 돌아본다. 내 자녀들이 이 귀한 시간을 잃어버리지 않도록 웃음을 유산으로 남길 것이다."

폴 마이어는 그의 어머니로부터 웃음을 물려받았다.

"괴롭거나 절망스러운 순간마다 고집스럽게 웃음을 선택하거라. 반드시 네가 바라보는 쪽이 보일 것이다."

내가 바라보는 쪽이 내 삶이 될 것이다. 내가 바라보는 쪽이 자녀에게 물려줄 최고의 유산이 될 것이다. 진정한 성공은 돈을 주고 살 수 없는 행복 안에 있다.

> 웃음은 살 수도 없고 빌릴 수도 없고
> 도둑질할 수도 없는 것이다.
> ― 데일 카네기

7
인간관계에 기술을 걸어라

중국에서 30억 매출의 떡 사업을 하는 30대 후반의 강 사장은 대기업에서 하청을 받기 위해 미팅을 가졌다. 첫 번째 미팅은 L제과업체였다. 상대는 매우 깐깐한 성격이라 미팅 내내 진땀을 흘렸다. 강 사장은 잠시 화장실에 다녀오겠다고 양해를 구하고는 화장실에 가서 큰 소리로 웃었다. 잠시 후에 상대방의 경계심은 풀리고 곧바로 계약이 성사되었다. 웃음으로 긴장을 풀고 자신감을 갖자 상대방도 신뢰를 느낀 것이다.

두 번째 업체인 G사와의 미팅에서는 시작부터 무조건 웃었다. 60대인 G사 회장은 갑자기 엉뚱한 말을 했다.

"강 사장은 조금 모자라 보이는 것 아시오? 그런데 왜 자꾸 내 아들 같은 기분이 들지? 당신을 한번 믿어보겠소. 우리 회사는 20년 동안 한 번도 하청을 준 적이 없지만 강 사장을 믿고 해보지."

카네기 공과대학에서 성공하지 못한 사람들을 대상으로 조사를 했는데 85퍼센트가 "인간관계가 원만하지 못해서 실패했다."라고 대답했다. 반면 지식이나 기술이 부족하여 실패했다고 생각한 경우는 15퍼센트에 불과했다.

좋은 인간관계를 위해서 필수적으로 갖추어야 할 습관이 있다면 웃는 것이다. 웃음은 신뢰감을 높여주기 때문이다. 브라이언 트레이시는 "성공은 인간관계에서 온다. 인간관계는 얼마나 잘 웃느냐에 따라 결정된다."라고 말한다.

그러니 지금 당장 웃어라!

> 함께 웃을 수 있다는 것은 함께 일할 수 있다는 것을 의미한다.
> ─ 로버트 오벤

8
마음의 레모라를 잡아라

'레모라'라는 이름의 고래는 아무리 큰 배라도 가지 못하게 막아버린다고 한다. 옛날 뱃사람들은 폭풍보다도 레모라 고래를 더 무서워했다. '이번 기회에 큰 부자가 되어야지!' 레모라는 뱃사람들의 열정과 꿈을 삼켜버리고 두려움과 불안으로 사람들을 몰고 갔다.

우리 삶에도 레모라 같은 두려운 존재가 있다. '이 청춘을 불사르리라!' 젊은이들의 불타는 열정을 순식간에 앗아가기도 하고, '꼭 행복해질 거야!' 작은 소망까지도 한순간에 앗아가버린다. 몸을 천근만근 무겁게 만드는 게으름일 수도 있고, 나는 보잘것없는 존재라

희귀 유전병이나 다쳐서 생기는 병을 제외한 대부분의 병을 '생활 습관병'이라고 부른답니다. 건강이 나쁜 게 아니라 습관이 나쁠 뿐입니다.

여기는 낮은 자존감일 수도 있고, 평생 품어온 원한의 감정일 수도 있다.

레모라와 싸우는 여성이 있었다. 그녀는 시간이 정해진 폐암 말기 환자였기 때문에 순간순간 두려움과 싸워야 했다. 시간마다 알람을 설정해 놓고 알람이 울릴 때마다 웃었다. 두려움의 레모라는 끊임없이 찾아왔지만 그때마다 이겨낼 수 있었던 힘은 웃음이었다.

6개월을 뛰어넘어 일 년이 지났고, 이 년이 지났다. 가족들이 전화해서 걱정하며 울어댈 때는 더 큰 레모라가 몰려왔다. 감당할 수 없을 때는 행복여행에서 만난 웃음 친구들의 도움이 필요했다. 수화기를 들고 때로는 30분 동안 레모라와 싸우며 웃었다. 결국 그녀는 승리했다.

먼저 '행복해지면 웃어야지.'라는 레모라와 싸워라.

그리고 웃어라, 웃으면 웃을 일이 생긴다.

> 웃는 사람은 웃지 않는 사람보다 훨씬 더 오래 산다.
> ― 제임스 월시

9
Now & Here, 지금 여기를 살아라

일흔이 넘은 어머니는 늘 불만투성이었다. 부잣집에서 살다가 시집을 와서 평생 손에 흙을 묻히며 살아야 했기 때문이다. 결혼한 날부터 인생이 틀어졌다고 했다.
"내가 40년 전에 그 물건을 안 만났어야 했는데……."
어머니는 평생 과거에 집착하며 살았다. 어머니에게는 기대되는 현재도 미래도 없었던 것이다.
반면 30대인 이웃집 아주머니는 미래에만 살고 있다. 생각이 너무 많아 머리가 아프다는 것이다. 이유를 들어보니 아들 문제 때문에 늘 고민이란다.
"아들이 나중에 장가 가서 집 한 채 없으면 어떻게 하지?"

"부동산이 돈을 번다는데 어디에 땅을 사야 하지?"

기가 막힌 것은 그 집 아들이 아직 6세밖에 안 됐다는 사실이다. 20년 뒤의 일을 가슴 답답한 증상까지 일으켜가면서 걱정하고 있는 것이다.

우리가 행복하지 못한 이유는 과거에 살고 있기 때문이다. 과거에 받은 상처와 분노, 미움은 결코 현실에 만족할 수 없게 만든다.

또 우리가 행복하지 못한 이유는 미래에만 살고 있기 때문이다. 앞으로 다가올 미래가 불안하고, 두렵고, 걱정되어 현재의 삶에 충실할 수 없다. 지금 여기에 살지 않으면, 오늘에 최선을 다하지 않으면, 행복할 수 없다.

> 행복을 즐겨야 할 시간은 지금이다.
> 행복을 즐겨야 할 장소는 여기다.
> — 로버트 인젠솔

10
1센트 동전의 링컨을 기억하라

링컨은 정계로 진출하기 전에 일리노이에서 변호사로 일했다. 당시 스탠턴이란 유명하고 노련한 변호사가 있었는데 그는 링컨을 무시했다.
"저런 시골 뜨내기 변호사와는 일을 못하겠소!"
그런 모욕적인 말을 면전에서 들었음에도 링컨은 그저 빙긋 웃기만 했다. 심지어 링컨이 대통령에 출마했을 때는 고릴라 대통령이라고 모독했다.
그런데 링컨은 대통령이 되자 가장 중요한 국방장관에 스탠턴을 임명한 것이다. 많은 각료들은 아연실색하며 스탠턴이 어떻게 행동했었는지 상기시켰다. 그러나 링컨의 대답은 간

결했다.

"나를 백 번 공격한들 어떤가? 자기 일만 잘하면 될 것 아닌가?"

링컨은 개인적인 감정보다 그의 능력을 높이 평가했던 것이다. 링컨이 암살되었을 때 스탠턴은 그 누구보다도 슬피 울며 고백했다.

"링컨은 인류가 소유할 수 있었던 최고의 인품을 가진 사람이었습니다."

미국의 1센트 동전에는 링컨의 얼굴이 새겨져 있다. 누구나 노력하면 기회가 주어진다는 상징이다. 국민들의 호주머니 속에 가장 많이 들어 있을 동전에는 반드시 링컨의 얼굴이 필요하다는 것이다.

왜 웃지 않는가?
나는 밤낮으로 무거운 긴장감에 시달려야 했다.
만일 내가 웃지 않았다면, 나는 이미 죽었을 것이다.
— 링컨

아픔 뒤에 오는 행복이 더 크다.

영희 씨의 부모님은 자주 싸웠다.
부모님의 사랑을 못 받고 자란 영희 씨는
인생의 목표는 '돈'이라고 결론지었다.
영희 씨는 열심히 일을 했고, 열심히 돈을 모았다.
남들이 부러워할 큰 집도 생겼고, 남편도 탄탄한 직장에 다녔다.
그런데 어느 날 손에 쥔 돈이 모두 날아가버렸다.
영희 씨의 행복은 한순간에 사라지고 만 것이다.
영희 씨는 더 이상 살고 싶지 않았다.
하루 이틀…… 아무것도 먹을 수 없었다.
화장실에 가는 것조차 힘들어 죽고만 싶었다.
시어머니는 하루가 멀다 하고 영희 씨 집을 오갔다.
아무 말 없이 청소하고 빨래하고, 청소하고 빨래하고…….
"아가야, 내가 아들을 잘못 키워서 네가 고생이구나!
하지만 막내아들을 먼저 하늘나라에 보낸 나도 이렇게 살고 있지 않니?
너도 자식 생각해서 힘을 내면 안 되겠니?"
차 멀미에 고생하시면서도 시어머니는 먼 길을 오갔다.
어느날 터지고 갈라진 시어머니의 발뒤꿈치를 보는 순간
영희 씨는 살기로 마음을 먹었다.
그리고 낯선 행복여행을 통해 웃음을 만났다.
웃음을 통해 행복을 찾은 영희 씨는 오늘도 이렇게 말한다.
"신혼 때도 이렇게 행복하지는 않았어요!"

11
위기를 기회로 삼아라

모 통신사에 다니는 40대 중반의 A씨는 어느 날 출근해 보니 책상이 없어졌다고 했다. IT부서에 근무하는 그를 하루아침에 영업부로 발령을 낸 것이다. 한마디로 그만두라는 얘기였다. 15년을 넘게 다닌 직장이었기에 배신감이 너무도 컸다. 그날 이후 그가 할 수 있는 일이라고는 술을 마시고 세상을 원망하는 일뿐이었다.

"더 이상 웃을 수가 없어요. 너무 힘듭니다……."

그런데 몇 달 후 그는 환한 미소로 찾아왔다. 진급을 했다는 것이다! 직원을 교육할 기회가 있었는데, 자신도 마음을 새로이 할 겸 웃음의 힘에 대한 강의를 했는데 회사의 평가가 아주 좋았던 것이다. 그에게 웃음은 위기를 극복할 수 있는 기회를 만들어주었다.

몇 년 전 하버드 대학교에서 '어떤 사람이 성공하는가?'라는 설문 조사를 한 적이 있다. 결과는 '어려운 일을 만났을 때 웃을 수 있는 사람'이라는 대답이 가장 많았다.

인생을 살면서 누구나 어려움이라는 여정을 만난다. 이때 힘들다고 일찌감치 인생을 포기하는 사람이 있고, 이 위기가 기회임을 깨달아 새로운 인생을 시작하는 사람도 있다.

> 당신이 웃고 있다면 기회는
> 와이키키 해변에 밀려오는 파도와 같다.
> — 오나시스

12
Do it now!

"여러분이 사흘 후에 죽는다고 생각하고 그 전에 하고 싶은 일 세 가지만 말해 보세요."

20분쯤 지나자 몇몇 학생들이 대답하기 시작했다. 죽음을 앞에 둔 사람들의 소망은 다들 평범했다. 여행을 가겠다, 기막히게 맛있는 걸 먹겠다, 싸우고 토라진 친구와 화해하겠다, 고향에 계신 부모님께 전화하겠다……

바로 그때 심리학자 제니 교수가 칠판에 한 문장을 썼다.

"Do it now(바로 지금 하라)!"

들뜨고 어수선했던 강의실은 찬물을 끼얹은 듯 조용해졌다.

우리는 인생에 가장 영향력을 미치는 것으로 죽음을 생각한다. 죽음이 눈앞에 닥쳐야 자신의 인생을 되돌아볼 시간을 갖는다. 죽음에 삶의 초점을 맞추어 살고 있기 때문이다.

진정 행복해지길 원한다면 지금 당신의 삶에 초점을 맞추어라. Do it now! 지금 당장 웃어라!

> 행복하고 싶다면 일단 웃기부터 해야 한다.
> ― 호라티우스

많이 웃어라, 그게 답이다.

한 노인이 바닷가 모래사장에서 무언가를 주워서
바다로 던지고 있었다.
마침 그곳을 지나던 한 남자가 가까이 다가가 보니
그것은 밀물에 떠밀려온 수천 마리의 불가사리였다.
노인은 불가사리를 한 마리씩 바닷물 속으로 던져주고 있었다.
남자가 노인에게 물었다.
"어르신, 그건 시간 낭비 아닌가요?
지금 이곳에는 수천 마리의 불가사리가 있는데
한두 마리 살려준다고 그게 의미가 있을까요?"
그러자 노인은 얼굴에 미소를 띤 채 말했다.
"모든 불가사리에게는 큰 의미가 없겠지요.
하지만 살아난 한 마리에게는 큰 의미가 있지요."
아무리 작은 사랑일지라도 위대하지 않은 사랑은 없다.
내가 웃어주는 것이 무슨 의미가 있을까 싶지만
어떤 이에게는 살아난 한 마리의 불가사리와 같다.
나 자신에게, 가족에게, 그리고 옆자리의 동료에게
많이 웃어주자. 그게 답이다.

13
작은 변화가 큰 차이를 만든다

짚신 장수가 있었다. 그는 아들과 함께 짚신을 만들어 팔았다. 그런데 짚신을 시장에 내놓으면 아버지가 만든 짚신이 더 잘 팔렸다. 사람들은 기가 막히게도 아버지가 만든 짚신을 집어 들었다. 아들은 도무지 알 수가 없었다. 똑같은 짚을 가지고 같은 방법으로 만드는데 왜 차이가 날까?

세월이 흘러 아버지의 임종이 임박했을 때 다급해진 아들은 그 비결을 물었다. 아버지는 꺼져가는 숨을 간신히 이으며 대답했다.

"털…… 털……."

짚신을 만들고 나서 잔털을 뽑은 것이 바로 그 비결이었다.

성공은 큰 데서 올 수도 있지만 작은 변화에서도 찾아온다. 작은 변화가 때로는 큰 차이를 만들어낼 수 있기 때문이다.

내가 짓는 작은 미소가 나와 이웃을 행복하게 만들 수 있다. 우리가 행복해질 수 있는 비결의 시작은 서로 얼마나 잘 웃느냐가 아닐까.

> 성공과 실패는 종이 한 장 차이다.
> 즉 어떤 일을 가장 정확한 방법으로 하는 것과
> 그와 비슷하게 하는 것이다.
> ― 에드워드 시몬즈

14
좋은 생각이 좋은 결과를 낳는다

하나님은 이스라엘 백성에게 젖과 꿀이 흐르는 가나안 땅을 주겠다고 약속하셨다. 모세라는 지도자는 12명의 정탐꾼을 가나안 땅으로 보냈다. 가나안 땅을 다녀온 정탐꾼의 보고는 두 가지로 갈라졌다.

정탐꾼 중 10명은 이렇게 보고했다.

"그들은 거인과 같습니다. 그들에 비하면 우리는 보잘것없어요."

반면 2명은 자신감에 차 있었다.

"젖과 꿀이 흐르는 땅을 넉넉히 차지하고도 남습니다. 그들은 아무것도 아닙니다. 우리는 그들을 이길 수 있습니다!"

10명의 정탐꾼은 인생을 비참하게 마감했다.

2명은 가나안 땅을 차지하는 축복을 누렸다.

사람은 인생을 입으로 산다고 말할 수 있다. 자신이 말한 대로 인생을 살게 된다. 왜냐하면 말은 생각에서 나오기 때문이다. 생각에 두려움이 있으면 결코 긍정적인 판단을 내리지 못한다. 그래서 자신의 생각과 마음에 대한 변명을 늘어놓는다.

그렇다면 부정적인 마음을 확실히 잡는 방법이 있다면? 시도 때도 없이 웃는 것이다. 웃음만큼 좋은 생각, 좋은 말씨를 만들어가는 방법은 없다.

> 유머는 믿음의 서곡이고, 웃음은 기도의 출발이다.
> — 라인홀드 니버

15
운 좋은 얼굴을 만들어라

외국어고등학교와 명문대를 졸업했고, 취득한 자격증도 많았다. 외모가 뒤처지는 것도 아니었다. 그런데도 면접에서 20번이 넘게 떨어졌다. 그는 자신이 떨어진 이유를 알고 싶었다. 그래서 면접을 본 회사에 전화를 걸었다. 다행스럽게도 그분은 아버지의 친구여서 용기를 낼 수 있었다.
"제가 떨어진 이유를 듣고 싶습니다."
"자네의 실력은 다른 사람들보다 뛰어났네. 하지만 얼굴에 웃음이 전혀 없더군. 그것이 이유네."

사람은 나이 마흔이 되면 얼굴에 책임을 져야 한다는 옛말이 있

다. 그러나 지금은 20대부터 얼굴에 책임을 져야 할 나이인 듯싶다.

현대사회는 감성의 시대이다. 그러다 보니 타인과 감성을 공유할 수 있는 사람이 능력 있는 사람으로 대접받는다. 함께 대화하는 것이 즐겁고, 같이 웃어줄 수 있고, 같이 울어줄 수 있는 사람이 사회가 찾는 인재의 조건이다.

먼저 웃자.

인상을 좋게 만들면 운이란 놈은 따라오기 마련이다.

> 유머 감각이 없는 사람은 스프링이 없는 마차와 같다.
> 길 위의 모든 조약돌마다 삐걱거린다.
> ― 헨리 와드 비처

16
영혼에 파랑새를 키워라

파랑새는 여름 내내 노래만 불렀다. 파랑새는 겨울 따위는 관심도 없었다. 산속의 동물들이 자기 노래를 들어주고 좋아하는 것에 만족했다. 하지만 근처에 사는 들쥐는 파랑새가 너무나 한심해 보였다.

무더운 여름이 지나고 추운 겨울이 되었다. 여름 내내 일했던 들쥐는 많은 식량을 쌓아놓고 행복해 했다. 추위에 떨던 파랑새는 들쥐의 집을 찾아가 도와달라고 애원했지만 들쥐는 문을 열어주지 않았다. 결국 파랑새는 추위와 배고픔을 견디지 못하고 굶어죽고 말았다.

들쥐에게 파랑새의 죽음 따위는 아무렇지도 않았다. 따뜻하고 배가 부르니 걱정 없이 그저 행복하기만 했다. 하루, 이틀, 사흘, 나흘…… 들쥐는 적막해지기 시작했다. 파랑새의 노랫소리가 듣고 싶었다. 파랑새의 노랫소리를 한 번만이라도 들을 수 있다면……. 들쥐의 생활은 의욕이 사라지기 시작했다. 들쥐는 식욕을 잃어갔고, 결국 풍족한 곳간 옆에서 죽고 말았다.

곳간에 금은보화가 수북이 쌓여 있을지라도 그것이 영혼의 행복이 되지는 않는 모양이다. 우스갯소리에 웃을 수 없고, 아름다움을 느낄 수 없고, 향기로운 꽃향기에 취할 수 없다면 그에게는 행복이 없는 것이다.

하지만 작은 일에도 기뻐하고, 잘 웃고, 감사를 느낄 수 있다면 내 영혼은 파랑새로 물들어 있는 것이다. 웃음은 행복이다.

> 웃음은 최고의 결말을 보장한다.
> ─ 오스카 와일드

17
콤플렉스에 당당하라

다음은 초등학생 두 아들을 둔 유방암 환자의 글이다.

지난해부터 시작된 시련은 내 인생을 무참히 짓밟았다. 나에게 이런 힘든 날이 올 줄이야……. 30대의 나이에 유방암이라는 긴 터널을 지나는 것은 너무나 외롭고 힘들었다. 누구도 대신할 수 없는 고통의 날들이었다. 하루는 살 것 같다가도, 그 다음 날은 죽을 것만 같았다. 나에게 내일은 없을 줄 알았다.
한국웃음연구소에서 펼쳐진 2박 3일 행복여행!
찬란한 희망이 웃음과 함께 다가왔다. 짧은 시간 속에서 많은 것을 내려놓고 깨닫는 시간이었다. 지난 아픈 시간들을 아름다운 추억으로 간직할 수 있는 마음의 여유와 삶의 에너지를 한껏 충전받았다.

나는 지금 내 생애 최고로 행복하다.

행복여행을 다녀와서 수술한 뒤 두 번째로 대중목욕탕에 갔다. 움푹 패인 한쪽 가슴과 한 가닥도 없는 머리카락 때문에 사람들이 힐끗힐끗 쳐다보았지만 나는 조금도 창피하지 않았다. 신기하게도 기분이 좋았다. 왜냐하면 이것은 남들이 겪지 않은 고통을 이겨낸 훈장이니까! 그래서 나는 당당했고, 아주 행복했다.

많은 사람들이 신체적인 암뿐만 아니라 정신적인 암을 앓고 있다. 정신적인 암을 이겨내는 방법은 당당하게 자신의 콤플렉스를 직면하는 것이다. 자신만이 자신의 행복을 만들 권리가 있다.

> 인생이 노래처럼 잘 흘러갈 때는 누구나 웃을 수 있다. 그러나 진짜 가치 있는 사람은 일이 잘 안 풀릴 때 웃는 사람이다.
> — 조지 허버트

18
웃음이 행복한 일터를 만든다

아동서적으로 유명한 P출판사는 불경기를 모른다. 한 지방 영업소에서 몇 년째 최고의 매출을 올리고 있기 때문이다. 매출의 40퍼센트를 차지하는 그 영업소에서는 5년 전부터 웃음소리가 끊이질 않았다. 열정을 가진 한 상무가 2003년부터 영업에 웃음을 도입했기 때문이다.

그러던 어느 날 영업부 직원들이 매출 '빵(Zero)'을 기록하고 말았다. 영업 상무의 스트레스는 말로 표현할 수가 없었다. 상무는 직원들을 향해 손가락 총을 겨누었다.

"나 지금 총으로 다 쏴 죽이고 싶거든. 시작한다!"

영업 상무는 총을 난사하기 시작했다.

"탕!"
"하!"
"탕탕!"
"하하!"
"탕 탕탕 탕탕탕!"
"하 하하 하하하~"

직원들은 총 한 발에 한 번 웃고, 두 발에 두 번 웃고 뒤집어졌다. 총을 난사한 영업 상무는 체기가 가신 듯 속이 후련했다. 직원들 또한 미안한 마음은 싹 비우고 새로운 도전을 다짐했다. 한바탕 웃고 퇴근하는 직원들은 기세만 등등했다.

"내일부터 잘하자!"

질책과 비난은 사람을 변화시킬 수 없을 뿐 아니라 팀을 이끌어갈 수도 없다.

> 일은 즐거워야 한다. 유머는 조직의 화합을 위한 촉매제다.
> ― 허브 켈러허

19
행복과 결혼하라

한 남자가 '행복'이라는 여자와 결혼했다. 첫날밤을 치르기 위해 신혼방에 들어간 신랑은 깜짝 놀라고 말았다. 행복이란 신부는 간데없고 '불행'이라는 여자가 앉아 있었기 때문이다.
"당신은 누구시오? 내 방에서 당장 나가시오!"
"저는 행복이라는 여자를 그림자처럼 따라다니는 불행이라는 여자랍니다. 제가 나가게 되면 행복이라는 여자도 나가게 되지요."

〈풍경소리〉에 실린 '행복과 불행'이라는 이야기로, 우리 안에는 행복과 불행이 공존한다는 메시지를 담고 있다. 그렇다고 해서 운명

처럼 받아들여서는 안 된다. 인생은 우리의 선택이기 때문이다.

살다 보면 하루는 즐겁기만 한데, 또 다른 하루는 우울하기 그지없다. 하루는 신바람이 나는데, 또 다른 하루는 슬픔이 몰려온다. 자신의 마음을 조절할 수 있는 힘이 부족하기 때문이다.

그러나 신은 이렇게 말한다.

"네가 행복하다, 행복하다, 말을 한다면 행복을 보여줄게."

"네가 불행하다, 불행하다, 말을 한다면 불행을 보여줄게."

행복에 물을 주는 일은 자주 그리고 많이 웃는 것이다.

> 행복의 한쪽 문이 닫히면 다른쪽 문이 열린다.
> 그러나 흔히 우리는 닫힌 문을 오랫동안 보기 때문에
> 우리를 위해 열려 있는 문을 보지 못한다.
> ─ 헬렌 켈러

20
당신을 위해 용서하라

사마천의 《사기》에 전하는 이야기다.
놀기 좋아했던 초나라 장왕이 신하들과 함께 연회를 열었다. 한창 연회를 즐기고 있는데 갑자기 바람이 세게 부는 바람에 연회장의 촛불이 모두 꺼지고 말았다. 그 틈을 타서 신하 중 누군가가 왕의 애첩을 농락했다. 왕의 애첩은 당황하지 않고 그의 갓끈을 잡아 뜯은 후 왕에게 고했다. 불만 켜면 범인이 누군지 바로 알 수 있는 상황이었다. 하지만 장왕은 큰 소리로 이렇게 외쳤다.
"불을 켜지 말고 모두 갓끈을 잘라라!"
몇 년 후 진나라와 전쟁이 벌어졌다. 그때 죽을힘을 다해서 싸우는 한 장수가 있었다. 장왕은 전쟁을 승리로 이끈 그 장수에게 상을 내리도록 했다. 그러자 장수가 장왕 앞에 무릎을 꿇고 말했다.

"사실 저는 예전에 한 번 죽은 몸이었습니다. 몇 년 전 폐하의 연회장에서 은총을 입은 적이 있습니다."

누군가를 용서함으로써 인재를 얻는가 하면, 평생 용서하지 못하고 자신의 마음을 병들게 하는 사람도 있다.

5년 후에도 그것이 중요한 일인가?

10년 후에도 그것이 중요한 일인가?

100년 후에도 그것이 중요한 일인가?

당신을 위해 용서하라. 당신의 몸과 마음에 평안을 가져올 것이다.

> 가장 나쁜 사람은 용서를 모르는 사람이다.
> ― 토마스 풀러

21
마음을 바꾸면 또 다른 세상이 보인다

12시가 되면 우리 사무실은 스마일 타임이다. 하던 일을 멈추고 한바탕 웃고 나서는 점심을 먹으러 간다. 사무실이 4층에 있는 터라 15층에서 내려오는 엘리베이터를 타기가 쉽지 않다. 지하 1층까지 걸어 내려가거나 화물 엘리베이터를 이용해야 한다. 화물 엘리베이터는 왠지 수다 떨기가 참 좋다. 그날도 점심을 맛있게 먹고 화물칸에서 호호 하하 수다를 떨었다. 그때 한 중년의 남자가 가재눈을 뜨고 우리를 쳐다보았다.

"여자들이란 어찌 저리 시끄러운지……. 쯧쯧쯧."

잠시 동안 침묵이 흘렀다. 엘리베이터에서 내렸을 때 한 직원이 침묵을 깼다.

"정말 감사해! 정말 감사해!"

"기분 안 나쁘세요? 욕을 먹고 뭐가 감사해요?"

"저 남자가 내 남편이 아니라서 정말 감사해요!"

우리는 손뼉을 치며 자지러지게 웃었다.

  마음의 기준을 바꾸면 그날의 날씨도 바뀐다. 햇살이 뜨거워 짜증이 나는지, 비가 와서 낭만적인지는 오직 당신의 마음이 결정한다. 삶을 바꾸고 싶다면 마음의 기준을 바꿔라.

> 많이 웃는 사람은 행복하고, 많이 우는 사람은 불행하다.
> — 쇼펜하우어

우울증은 웃음으로 치유하라.

일본의 심리학자 에토 노부유키 교수는 딜레마에 빠졌다.
"우울증에 걸려본 적이 없는 내가
어떻게 우울증을 치료할 수 있을까?"
그래서 그는 우울증을 체험해 보기로 했다.
3개월간 하루에 천 번씩 한숨을 쉬었다.
에토 노부유키 교수는 삶이 무의미해지기 시작했다.
그는 극도의 우울증에 빠졌고 한숨만 지속되었다.
수업도 학회에도 나오지 않았다.
"그런 곳에 나간들 나에게 무슨 의미가 있단 말인가……."
교수가 극도의 우울증에 시달리자
이번에는 학생들이 치료방법을 찾았다.
교수를 매일 매일 웃게 한 것이다.
결국 교수는 다시 건강해질 수 있었다.
우울증은 웃음이 사라진 병이다.
극복하는 방법은 선택에 달렸다.
한숨을 선택하느냐, 웃음을 선택하느냐!

22
울상을 복상으로 바꿔라

그녀의 남편은 주식 투자로 20억 원을 날린 상태였다. 남편이 너무 미워서 우울증에 빠졌고 삶의 의욕을 잃었다. 오죽했으면 휴대전화에 남편 번호를 '웬수'라고 저장했을까!
이렇게 살다가는 죽겠다 싶어 마음을 고쳐 먹고 매일 큰 소리로 웃고 다녔다. 동네에 '미친 여자'라는 소문이 날 정도였다.
이왕 이렇게 소문난 거 더 크게 웃고, 더 잘 웃었다. 남편 번호는 웬수에서 '소방서 청장'으로 바꿨다. 그러자 전화가 올 때마다 다르게 보였다. 남편 탓이라고 생각했는데 웃고 살다 보니 자신이 비뚤어져 있었음을 깨달았다.

4개월간 고등학교 매점에서 아르바이트를 하던 중, 어느 날 본사에서 나온 팀장이 파격적인 제안을 해왔다. 높은 연봉을 제시하며 점장을 해보라는 것이다. 이유를 들어보니 시종일관 웃고 있는 그녀를 보며 '돈통까지 맡길 수 있는 사람'이라는 확신이 들었다고 했다.

감사하지만 이제는 돈보다 다른 것이 더 중요함을 알게 되었기에 거절을 했단다. 그리고 보수도 없는 상담 봉사활동을 하고 있다.

세상에서 가장 좋은 상이 있다면 웃는 얼굴이다. 중국 송나라 관상학자 마의는 웃는 상은 재운을 몰고 오는 상이기 때문에 팔자를 바꿀 수 있다고 말했다. 울상을 복상으로 바꾸는 비결은 매우 간단하다. 자주 그리고 많이 웃는 것이다.

> 입으로는 화를 내도 눈으로는 웃어라.
> ― 토머스 칼라일

23
행복은 마음에 있다

영국 속담에 '하루가 행복하려면 이발소에 가고, 일주일이 행복하려면 결혼을 하고, 한 달이 행복하려면 말을 사서 타고, 일 년이 행복하려면 집을 짓고, 한평생 행복하려면 정직해야 한다.'는 말이 있다.

경제적 사정이 좋고, 좋은 차를 타고, 자식들이 출세를 해도 행복하지 않다고 말하는 사람들이 많다. 프랑스의 영웅 나폴레옹도 세계를 향해 영토를 확장해 나가는 전쟁에서 날마다 승전을 거듭했음에도 진정으로 행복했던 날은 며칠 되지 않았다고 고백했다고 한다. 반면 헬렌 켈러는 듣지도 못하고 보지도 못하는 장애인이었지만

"내 인생은 행복과 기쁨의 나날이었다."고 말했다.

행복은 소유가 아니라 마음에 있다. 매일 매일 그 마음을 다스리기 위해 웃음 한 잔 어떨까?

- ☺ 우울할 때 진한 커피 한 잔 함께 마실 수 있는 친구가 있다는 것은 행복이다.
- ☺ 아무 때나 전화해도 15초 동안 웃을 수 있는 동료가 있다는 것은 더 큰 행복이다.
- ☺ 오늘도 두 다리 뻗을 수 있는 가정이 있다는 것은 최고의 행복이다.

"아무 조건 없이 기분 조~오~타!"

> 운명과 유머가 세계를 지배한다.
> ─ 라로슈푸코

나는 지금 웃음을 선택한다.

어떤 병원에 4개의 게시판이 있었다.
첫 번째 게시판은 이렇게 적혀 있었다.
"전갈에게 물린 사람이 하루 만에 퇴원했습니다."
두 번째 게시판에는 이렇게 적혀 있었다.
"뱀에게 물린 사람이 입원한 지 3일 만에 건강하게 퇴원했습니다."
세 번째 게시판에는 이렇게 적혀 있었다.
"미친 개에게 물린 사람이 10일 동안 입원 중입니다.
그러나 내일이면 건강하게 퇴원할 수 있을 것 같습니다."
마지막 네 번째 게시판에는 이렇게 적혀 있었다.
"인간에게 물린 사람이 15일째 입원 중입니다.
그런데 아직도 차도가 없습니다. 아마도 회복이 불가능할 것 같습니다."
칭찬이 고래도 춤추게 한다면,
말이 준 상처는 코브라의 독보다 몇 배 더 강하다.
하지만 살다 보면 상처를 안 줄 수도 없고, 상처를 안 받을 수도 없다.
날카로운 말의 화살을 맞아도 제2의 화살이 되지 않기를 바랄 뿐이다.
그래서 오늘도 웃음을 선택한다.
"하하하 하하하!"

24
넘지 못할 산은 없다

《마시멜로 이야기》의 작가 호아킴 데 포사다의 이야기다.

그는 이른 나이에 주체할 수 없는 큰 돈을 벌었다. 그러나 매일 매일 파티에 참석했다가 아침에야 돌아오는 방탕한 생활에 빠져들고 말았다.

그런 모습을 묵묵히 지켜보던 아버지가 어느 날 냉동 창고의 벽돌 벽을 무너뜨리고 다시 쌓도록 지시했다. 평소 아버지를 존경하면서도 두려워했던 그는 결국 6개월이 걸려 동생과 함께 벽을 완성했다.

그날 아버지는 형제에게 말했다.

"이제 어떤 일이든 '못해요'라는 말은 하지 마라."

포사다의 아버지는 그 한마디 가르침을 주기 위해 6개월을 참고 기다린 것이다. 이로써 형제는 마음먹는다면 넘지 못할 일은 없다는 평생의 가르침을 얻었다.

웃음 치료를 하다 보면 넘지 못할 산이 없다는 것을 정말 실감한다. 처음 웃으면 "나도 웃을 수 있구나."라며 자신감이 찾아오고, 한 번 더 웃으면 "뭐든지 할 수 있겠군." 하며 열정이 찾아오고, 많이 웃기 시작하면 마음을 나눌 수 있는 친구가 찾아온다.
모든 것은 마음먹기 나름이다.

기쁘게 일하고, 자신이 한 일을 기뻐하는 사람은 행복하다.
— 괴테

25
긍정의 삶을 선택하라

한 젊은 여성이 아버지에게 자신의 삶은 문제투성이라고 불평을 했다. 아버지는 딸을 부엌으로 데리고 가더니 냄비 세 개에 물을 부은 다음, 불 위에 올려놓았다.
첫 번째 냄비에는 당근을 썰어 넣었고, 두 번째 냄비에는 달걀 두 개를, 세 번째 냄비에는 커피 가루를 약간 넣었다. 몇 분 후 당근을 꺼내 그릇에 담고, 삶은 계란 역시 껍질을 벗겨 그릇에 담고, 커피는 컵에 따랐다.
"아빠, 뭘 하시려는 거예요?"
"자, 보렴. 처음에 딱딱했던 당근은 흐물흐물해졌어. 반면 깨지기 쉬운 달걀은 더욱 단단해졌단다. 커피는 어떠니? 커피는 물을 더 값진 것으로 바꾸었단다. 지금 네게 닥친 문제는 온전히 너 자신에게 달린 문제란다. 흐물흐물해진 당근처럼 문제 때문에 더 약해질 수도 있고, 삶은 달걀처럼 문제로 말미암아 더 강한 자신을 발견할 수도 있단다. 아니면 커피처럼 문제를 아예 자신에게 유익한 기회로 바꿀 수도 있어. 선택은 바로 너 자신이 하는 거란다."

— 존 맥스웰의 《태도》 중에서

삶은 마음가짐에서 시작된다. 어떤 사람은 아주 사소한 일도 힘겹게 여기는 반면, 어떤 사람은 아주 큰 일도 가볍게 받아들인다. 행복한 사람은 모든 일을 긍정적으로 받아들이는 사람이다. 일이 잘 안 풀리면 한 번 더 웃으면 되고, 아이들이 속을 끓이면 떡 하나 주면 된다. 문제가 선택인 것처럼 웃음도 행복도 선택이다.

> 생각이 바뀌면 태도가 바뀌고, 태도가 바뀌면 행동이 바뀌고,
> 행동이 바뀌면 습관이 바뀌고, 습관이 바뀌면 인격이 바뀌고,
> 인격이 바뀌면 운명이 바뀐다.
> — 윌리엄 제임스

웃음으로 일어난 당당함 앞에서는 운명도 움직인다.

영화 〈바람과 함께 사라지다〉에서 여주인공 역을 맡았던
비비안 리가 무명시절 때 이야기이다.
〈바람과 함께 사라지다〉의 여주인공을 찾는다는 소식을 듣고 영화사를 찾아갔다.
그러나 오디션이 끝난 뒤 감독은 고개를 저었다.
"미안하지만 우리가 찾고 있는 여주인공과 거리가 먼 것 같군요."
비비안 리는 그 자리에서 일어설 수밖에 없었다.
"잘 해보고 싶었는데 아쉽군요. 그러나 실망하진 않겠어요."
비비안 리는 얼굴을 찡그리는 대신 활짝 웃으며 인사를 했다.
그때 감독이 급한 목소리로 비비안 리를 불렀다.
"잠깐! 잠깐만요! 아까 그 표정 다시 한 번 지어보세요."
그렇게 해서 비비안 리는 스칼렛 오하라 역에 발탁되었고,
대망의 아카데미 여우주연상까지도 차지하는 스타가 되었다.
오디션에서 떨어져 실망했음에도 활짝 웃는 비비안 리의 얼굴에서
"내일은 또 내일의 태양이 떠오를 거야!"라며
당당하게 일어서던 스칼렛의 이미지를 본 것이다.

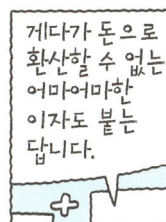

26
사람의 마음을 얻어라

사우스웨스트 에어라인은 저비용, 저운임 경영을 하며 단거리를 자주 이용하는 고객에게 높은 가치를 제공하는 기업으로 유명하다. 그러나 이 회사는 경영자 허브 켈러허 회장의 유머 경영으로 더욱 잘 알려져 있다. 미국 사람들에게 재미를 파는 항공사로 알려지기까지는 경영자의 철학이 있었다.

하루는 허브 켈러허 회장에게 소송이 들어왔다. 사용 중인 'Just & Plan' 슬로건이 이미 다른 기업이 사용하는 로고였던 것이다. 허브 켈러허 회장은 상대 회사 대표에게 파격적인 제안을 했다.

"서로가 법정에 서는 일은 스트레스입니다. 차라리 팔씨름을 해서 승부를 가립시다."

"OK!"

상대 회사 대표는 그날부터 힘이 센 선수를 선발해서 훈련에 들어갔다. 반면 허브 켈러허 회장은 술을 먹기 시작했다. 그리고 고객들에게도 안내문을 돌렸다.

"법정 소송을 공개합니다. 누가 이길까 궁금하신 분들은 다 오세요~"

입장권이 매진될 정도로 사람들이 몰려들었다. 반짝이 옷을 입고 오토바이를 타고 출전한 켈러허 회장은 힘 한번 제대로 못 쓰고 지고 말았다. 슬로건 포기는 당연한 일이고 그에 따른 벌금도 내야 할 판이었다.

그런데 며칠 후 상대 회사 대표로부터 전화가 왔다.

"회장님, 매우 재미있는 게임이었습니다. 법적인 싸움을 했더라면 엄청난 스트레스를 받았을 것입니다. 이겼더라도 그에 따른 비용 지출도 컸을 것입니다. 그런데 당신이 제안한 게임은 너무나 즐겁고 재미있었습니다. 'Just & Plan' 슬로건을 공동 사용해도 좋습니다!"

허브 켈러허의 유머 경영은 재정적인 손실도 극복했을 뿐 아니라 원하는 슬로건도 사용할 수 있게 되었고, 회사를 알리는 마케팅이 되어주었다. 그는 유머가 조직의 화합을 위한 촉매제이며, 일은 즐거워야 한다고 생각했다. 이러한 펀 경영을 통해 그가 얻으려 하는 것은 사람의 마음이다. 서로를 존중하는 마음은 경계를 허물고 조직의 창조성을 키우는 데 도움이 된다.

> 유머 감각에 둔한 머리치고 조직적인 머리가 없다.
> ─ 코울리지

27
웃음은 건강을 부른다

신나게 춤을 추다가 옆사람과 부딪친 30대 여성이 털썩 주저 앉았다. 통증은 없는데 발을 디딜 수가 없었다.
"아프지 않은 것을 보니 그냥 삐끗했나 봅니다."
의사는 그렇게 말했지만 정밀검사 결과 아킬레스건이 통째로 끊어진 것으로 나왔다. 아킬레스건이 끊어졌다면 엄청난 통증이 왔을 텐데 참으로 이상했다.

웃으면 뇌내 모르핀 같은 자연 진통제 호르몬이 분비된다. 진통제 주사를 맞지 않고서도 동일한 효과를 보는 것이다. 1996년 로마린다 의과대학의 리 버크 교수는 "크게 웃었을 때 암세포를 직접 공격하는 NK세포가 활성화할 뿐만 아니라 천연진통제 분비가 활성화합니다."라고 발표했다.

한 번 웃으면 몸의 660개의 근육 가운데 231개가 움직이는 효과가 있고, 한 번 웃는 것만으로 스트레스로 인해 좁혀진 혈관을 확 뚫어주기도 한다.

아이들은 하루에 300번 웃는 데 비해 어른들은 고작 6번 웃는다. 그것도 4번이 비웃음이고 2번은 기가 막혀 웃을 뿐이다.

최고 고령자로 기네스북에 올랐던 프랑스의 잔 칼망 할머니가 말했다.

"건강하게 오래 살려면 나쁜 추억은 빨리 잊고 좋은 추억만 생각하며 웃어~"

> 웃음은 전염된다. 웃음은 감염된다.
> 이 둘은 당신의 건강에 좋다.
> ─ 윌리엄 프라이

28
좋은 에너지를 키워라

미국의 한 학자가 난초가 가진 생체 에너지를 측정하는 실험을 했다. 결과 200R이라는 수치가 나왔다. 난초가 예쁜 꽃을 피우자 주인이 "우와~ 예쁘다!"라고 감탄했을 때 난초의 생체 에너지는 20만R로 급상승했다고 한다.

사람이 감탄의 말을 내뱉을 때 몸에서는 엔돌핀보다 더 좋은 다이돌핀이 분비되는데, 이 에너지가 난초에게도 전달된 것이다.

한 남자의 뒤를 칼을 든 강도가 쫓아오고 있다.
또 다른 남자의 앞에는 큰 다이아몬드가 놓여 있다.

두 사람이 달리기 시합을 한다면 과연 누가 이길까? 대부분의 사람들은 강도에게 쫓기는 사람이 이길 것이라고 생각한다. 살기 위해 필사적으로 달리기 때문이다. 그런데 답은 다이아몬드를 눈앞에 둔 사람이다.

강도를 피해 달아나는 사람은 '잡히면 어떻게 하지?'라는 부정적인 에너지가 쏠려 원래 가진 실력을 발휘할 수 없단다. 자다가 가위에 눌리면 오금이 절여 달리지 못하는 것처럼. 반면 다이아몬드를 목표로 삼은 사람은 좋은 에너지가 앞에서 끌어당긴다.

"저것만 잡으면 뭐든지 할 수 있어! 야호!"

이럴 때 복이 온다.

좋은 에너지를 끌어오기 위해서는 자주 감탄하라.

좋은 에너지를 따라오는 것이 행복이고, 성공이고, 건강이다.

> 성공은 행복의 열쇠가 아니다. 그러나 행복은 성공의 열쇠다.
> — 알버트 슈바이처

29
신념에 못을 박아라

웃음연구소 프로그램에서 만난 한 공무원은 아파트 분양 당첨률이 300퍼센트라고 했다. 그 이야기를 들은 사람들은 "집안의 배경이 좋습니까? 재력이 좋습니까? 아니면 당신의 권력을 이용한 것입니까?"라며 부러워했다. 그런데 그는 그 어느 것도 아니며, 자신의 비결은 바로 신념의 힘이라고 말했다. "저는 간절히 바라는 것마다 다 이루어졌습니다. 그것은 이루어질 것이라고 믿었기 때문입니다."

그는 자신이 도전한 것이 몇 백 대 일의 경쟁률이라도 절대 의심치 않는단다.

일단 모델하우스를 보고 원하는 동, 호수를 찍는다.

"우리 ○○동 ○○호에 이사를 가게 되었다. 지금부터 각자 방을 꾸며라."
아무것도 모르는 식구들은 이사 갈 집의 벽지를 고르고, 가구를 배치해 보느라 정신이 없다.
"그럼 이제는 떡을 돌리자."
주위 사람들에게 아파트 분양에 당첨되었다며 떡을 돌렸다. 그리고 마치 이삿날만 남은 것처럼 행동했다.
드디어 추첨하는 날, 원하던 ○○동 ○○호 100퍼센트 당첨이다!

신념은 굳게 믿는 마음이다. 모래알로는 튼튼한 집을 지을 수 없지만 신념으로는 뭐든지 할 수 있다. 사람은 할 수 있는 것을 성취하는 게 아니라 할 수 있다고 믿는 것을 성취하기 때문이다. 그러므로 마음에 품거나 믿는 것은 무엇이든 성취할 수 있다.
다만 첫 마음에 못을 박아라.
원하는 신념에 못을 박아라.

> 미소도 악수도 시간이나 돈은 들지 않는다.
> — 와나메이커

나는 부자다.

물 속에 사는 하마는 자기 배가 가득 차면
그 많은 물을 두고도 더 이상 마시지 않듯이,
정글의 왕인 사자도 배가 부르면
더 이상 사냥을 하지 않듯이,
우리도 자신이 가진 것에 대해
만족할 줄 알아야 합니다.
족함을 아는 것이 부자입니다.
— 지성 스님

우리의 눈은 가진 것보다 갖지 못한 것에 눈이 간다.
그래서 항상 부자이기보다는 가난한 나를 보게 된다.
내가 가진 것을 생각해 보자.
안을 수 있는 가족, 두 다리 뻗고 잘 수 있는 침대,
수다 떨 수 있는 친구들, 근사한 커피 한 잔 사먹을 수 있는 돈…….
가진 것이 매우 많아 내가 부자임을 알았다.

30
Smile First, 먼저 웃어라

며느리는 시어머니가 너무 미웠다. 동네방네 자신의 흉을 보고 다녔기 때문이다. 며느리는 시어머니 때문에 스트레스를 받아 정신과 치료를 받았다. 의사에게 시어머니가 일찍 돌아가시는 것만이 살길이라 말하자 의사는 며느리에게 시어머니를 죽이는 방법을 처방했다.

첫째, 매일 시어머니 등을 긁어 드릴 것.
둘째, 매일 시어머니에게 용돈을 드릴 것.
셋째, 매일 시어머니에게 맛있는 음식을 해드릴 것.

"이렇게 하면 당신의 시어머니는 금방 좋아 죽습니다."

며느리는 처방전을 받자 깊은 한숨이 나왔다. 하지만 의사의 처방이니 눈 딱 감고 해보기로 했다. 그런데 시어머니의 반응은 좋지 않았다. 안마를 해도 "싫다!" 맛있는 것을 해드려도 "싫다" 용돈을 드려도 "무슨 의미냐?"며 흑심으로만 여기셨다.

고래 싸움에 새우는 코빼기도 비추지 않았다. 누구 편도 들 수 없었던 남편은 허구한 날 술에 취해 들어왔다.

더 이상 참을 수 없다! 2박 3일 외박을 했다. 그리고 웃음을 가지고 돌아왔다. 그후로 시도 때도 없이 웃었다.

"이젠 아주 실성을 했구먼. 쯧쯧."

시어머니와 상관없이 며느리는 행복해지기 시작했다.

그러던 어느 날 시어머니 입에서 이런 말이 흘러나왔다.

"세상에서 네가 가장 좋구나."

웃는 마음이 빠지면 백약이 무효이다.

> 그대의 마음을 웃음과 기쁨으로 감싸라.
> 천 가지 해로움을 막아주고 생명을 연장시켜 줄 것이다.
> ― 셰익스피어

31
억지로라도 웃어라

얼굴표정 연구 석학 폴 에크먼 박사는 사람이 특정한 감정 표현을 흉내 내면 몸도 거기에 따른 생리적 유형을 따라간다는 연구 결과를 발표했다. 얼굴의 표정 근육이나 눈 주위 근육을 의식적으로 움직이면 즐거운 감정을 유발시키는 신경이 뇌 속에서 작용하여 실제로 웃는 것과 흡사하다는 것이다.

〈마스크〉라는 영화로 하루아침에 스타가 된 짐 캐리. 그는 불우한 십대를 보냈다. 항상 병석에 누워 있는 어머니를 위해 할 수 있는 방법은 어머니를 웃기는 것뿐이었다.

"나는 하루 하루가 벼랑 끝에 서 있는 기분이었다. 탈출구가 있었다면 웃는 일이었다."

억지로라도 웃는 것이 어머니의 희망이자 짐 캐리의 희망이었다. 가난을 더 이상 참을 수 없어 캐나다에서 미국으로 건너왔지만 형편은 나아지지 않았다. 몇 년 동안 지하철에서 잠을 자고 햄버거로 끼니를 때워야 했다. 그래도 잊지 않았던 것은 웃음이었다. 어머니를 기쁘게 하기 위해 지었던 웃음이 결국 그를 최고의 스타 자리에 올려놓았다.

사람마다 고민 없는 사람이 없고, 문제 없는 사람이 없다. 하지만 그 문제를 어떻게 생각하느냐에 따라 인생의 색깔이 달라진다. 스트레스는 질병을 일으키는 한 요인으로 지목받고 있다. 걱정이 있는 한 웃는 것이 쉽지 않겠으나, 우선 거울을 보고 억지로라도 웃어라. 이왕이면 크게 웃어라.

> 화를 내지 마라. 화를 내고 있는 1분마다
> 그대는 60초간의 행복을 잃는다.
> ― 에머슨

최고의 경매는 웃는 얼굴이다.

오래된 바이올린이 경매 시장에 나왔다.
그런데 아무도 거들떠보지 않았다.
단 한 사람이 2달러의 가격을 불렀을 뿐이었다.
그러자 한 노인이 바이올린을 들더니 멋지게 연주했다.
그리고 나서 다시 경매를 시작했다.
이번에는 수백 달러부터 경매가 시작되었다.
인간을 경매에 붙인다면 얼마부터 시작할까?
미국의 한 경제학자가 사람의 가치를 경제학적으로 평가했더니
한 사람당 최소 600억 원의 가치가 있었다고 한다.
하루를 웃고 살았다면 200만 원을 번 것과 같다는 말이 있다.
일 년 365일 웃었다면 7억 3천만 원을 번 것과 같다.
인생을 웃고 산다면 이보다 확실한 로또는 없다.

32
내 인생의 VIP를 챙겨라

S화재의 한 지점장이 신입사원 때의 일이다. 퇴근해서 집에 들어가면 어머니는 항상 이렇게 물었다.
"회사 다니기 힘드냐?"
"아뇨. 왜요?"
"아니다. 힘들어 보여서……."
본인은 회사생활이 재미있기만 했는데 어머니는 퇴근 때마다 이렇게 물었다. 그런데 어느 날 거울을 보고 어머니가 왜 그렇게 물었는지 알게 되었다. 자신이 웃고 있지 않았기 때문이다.
다음 날 그는 집에 들어가기 전에 현관 앞에 서서 크게 웃었다. 그의 얼굴을 본 어머니의 얼굴 역시 환하게 펴지며 "이제는 회사에 적응이 되나보구나!" 하고 좋아했다고 한다.

업무상 중요한 고객을 만날 때는 거울을 보고 옷매무새를 다듬고 표정 관리를 한다. 그런데 가족에게 돌아갈 즈음에는 하루 동안 받았던 온갖 스트레스를 담고 간다. 고객을 향해 웃던 얼굴은 온데간데없고 얼굴은 피곤과 짜증만 가득하다.

가족은 가장 편안한 대상이기 때문에 화를 더 잘 내게 된다고 말하는 사람들이 많다. 하지만 진정한 위안과 평화는 가족으로부터 온다. 사랑하는 사람들 안에서 이해받고 치유받는 것이 더 큰 에너지를 불러오기 때문이다.

위대한 사상가 에머슨은 성공을 이렇게 정의했다.

"성공은 자주 그리고 많이 웃는 것, 자신이 한때 이곳에 살았음으로 해서 단 한 사람의 인생이라도 행복해지는 것, 이것이 진정한 성공이다."

> 일하는 중에 웃지 아니한 시간은 낭비한 시간이다.
> ― 세바스티안 참 포트

33
이 길이 아니면 다른 길을 가라

가녀린 소프라노 목소리를 지닌 한 소년이 있었다. 그는 가수가 되고 싶어 성악학원에 다니며 열심히 노래를 배웠다. 오랜만에 모인 가족 모임에서 친척들은 그의 노래를 듣고 싶어 했다. 앞에 나가 멋지게 노래를 시작했으나 변성기가 지나지 않았던 그의 목소리는 이내 쉬고 갈라졌다.

그의 모습에 가족들은 배꼽 빠지게 웃었다. 그는 자신에게 사람들을 웃기는 재능이 있다는 사실을 깨달았다. 그 소년은 가수의 꿈을 버리고 코미디언으로 변신하여 한 시대를 풍미했던 최고의 코미디언이 되었다. 그의 이름은 밥 호프이다.

밥 호프는 유명한 코미디언을 넘어서 재치와 유머를 통해 사람들에게 희망을 주는 사람이 되었다.

매일 매일 일어나는 사건을 어떻게 해석하느냐에 따라 인생은 달라진다. 만약 밥 호프가 자신의 노래 실력에 수치심을 느꼈다면 미래는 없었을 것이다.
'두 번 다시 사람들 앞에서 노래하지 않겠어!'
'이 길이 나의 길이 아니구나! 사람을 웃기는 것이 나의 달란트구나!'
해석의 차이지만 하나는 빈곤의 길이요, 하나는 풍요로운 길이다.
빈곤의 길이라고 여긴다면 빨리 포기하고 빨리 잊어라. 그리고 내가 가장 좋아하는 것, 내가 가장 잘하는 것을 써내려가라.
웃는 것, 재미있는 것, 행복한 것, 잘하는 것이 만나면 밥 호프처럼 사람들에게 희망을 줄 수 있는 멋진 사람이 될 것이다!

> 웃음이란 몸 전체가 즐거워지는 감동이며,
> 그 감동을 있는 그대로 표현하는 것이다.
> ― 그레빌

높은 자존감을 가져라.

한 축구선수가 경기 도중 상대편 선수와 부딪치며 정신을 잃었다.
깨어난 그는 "내가 누구예요?"라고 물으며 기억상실 증세를 보였다.
얼마 후 그 선수가 퇴원하여 시합에 복귀하자
믿을 수 없는 일이 벌어졌다.
최고의 스트라이커로 변신한 것이다.
기자들이 그에게 어떻게 된 영문이냐고 물었다.
그러자 감독이 말했다.
"그가 자신이 누구냐고 묻더군요. 그래서 제가 대답했죠.
너는 축구 황제 펠레잖아!"
자신을 최고로 여기느냐, 무능력한 인간으로 여기느냐.
그러한 자존감에 따라 백만장자 인생을 살기도 하고,
10원짜리 인생을 살기도 한다.

34
무엇을 줄 것인가 생각하라

농구공을 팔던 회사가 있었다. 그런데 동종업계의 경쟁사들이 점점 많아져 매출은 갈수록 떨어졌다. 회생 방법을 모색하던 회사는 제품을 넘어서 농구 선수들에게 특별한 가치를 제공하기로 했다.
'농구 선수들이 원하는 것은 무엇인가?'
'우리가 줘야 할 것은 무엇인가?'
무엇을 팔고, 얼마나 싸게 팔아야 하는가는 더 이상 기업의 질문이 아니었다. 그 회사는 농구에 관한 가장 종합적인 웹사이트를 구축하였고 1,500만 명 이상의 농구 선수들과 관계를 맺어 최고의 기업으로 성장할 수 있었다. 고객 중심에서 생각한 결과였다.

불황에서 살아남는 방법은 '고객에게 무엇을 줄 것인가'를 고민하는 것이다. 요즘은 공공 화장실에 가도 칸칸마다 화장지가 걸려 있다. 몇 년 전만 해도 화장지는 입구에 하나만 걸려 있는 경우가 많았다. 그래서 어느 정도 필요한지 가늠도 하지 않고 일단 둘둘 말아 쓰곤 했다. 관리자 입장에서는 하나만 있는 것이 편할지 모르지만, 사용자는 생각 없이 둘둘 말아 쓰기 쉬웠다. 이 얼마나 낭비인가.

"제발 휴지를 바닥에 버리지 마세요."라는 말 대신, "휴지는 쓰레기통에 넣어주세요. 감사합니다."라고 해보자. "지각하지 마세요."라는 말 대신, "일찍 오세요."라는 말이 더 좋다.

사용하는 사람, 듣는 사람 입장에서 생각하면 너도 살고 나도 살고, 기업도 살고 나라도 사는 새로운 방법들이 나올 것이다.

> 우리는 행복이란 제품을 만들 수 있는 재료와 능력을
> 자신 속에 지니고 있으면서도 기성품의 행복만을 찾고 있다.
> — 알랭

35
사랑으로 도전하라

매년 보스턴 마라톤 대회에 참석하는 딕 호잇과 릭 호잇은 부자지간이다. 전신장애인 아들을 휠체어에 태우고 지금까지 6차례 철인 3종 경기를 완주했다.

릭은 탯줄이 목에 걸려 뇌성마비와 전신마비 상태로 태어났다. 병원에서는 아이를 보호센터에 맡길 것을 권했지만 아버지는 릭을 집으로 데려왔다. 그리고 그의 손발이 되어주었다. 12세가 되던 해 특수 컴퓨터를 선물했을 때 릭은 아버지에게 문자 메시지를 보냈다. 15세가 되던 날에는 아버지와 팀을 이루어 달리기 대회에 나갈 수 있는지 물었다. 열정적인 아들 앞에서 "할 수 없다."고 말할 수가 없었다.

릭은 달리면서 난생 처음으로 자유를 느꼈다.

"제 몸의 장애가 사라진 것 같았어요"

그리고 단축 3종 경기를 시작했다. 도전했고, 또 도전했다. 포기하지 않았다. 그리고 성공했다. 아들은 "아버지가 없었다면 할 수 없었다."고 말한다. 아버지는 "아들이 없었다면 하지 않았다."고 말한다.

우리 영혼에 장애가 느껴질 때 뛰어넘을 수 있는 것은 사랑뿐이다. 누군가 노래했다. "사랑을 줄 수 없을 만큼 가난한 사람도 없고, 사랑을 받지 않아도 될 만큼 부유한 사람도 없다." 사랑은 살아가는 힘이다. 누군가를 향해 웃어줄 수 있다면 당신은 사랑을 나눌 수 있을 만큼 따뜻한 사람이다.

> 불가능은 소심한 자의 환상이요, 비겁한 사람의 도피처이다.
> — 나폴레옹

비교와 행복은 반비례한다.

그들은 남자 여자를 떠나서 아무것도 입지 않았다.
그러니까 부끄러움도 없고, 창피하지도 않았다.
아마존 사람들은 우리와는 다른 삶을 살고 있었다.
사냥 중에 동물을 잡으면 동네를 향해 달음박질을 치고,
매우 즐거워하며 서로 나누기 시작했다.
그러다가 누군가 기분이 좋지 않은 날이 오면,
주변 사람들이 달려들어 간지럼을 태웠다.
화가 났던 사람의 얼굴은 어느새 입이 귀에 걸친다.
더 좋은 것을 입고, 더 좋은 것을 먹으면
더 행복해질 줄 알았던 사람들은 그들에게 "왜 행복하냐?"고 물었다.
그들의 대답은 간단명료했다.
"그냥!"
가진 것이 없기 때문에 행복하고,
욕심낼 것이 없기 때문에 행복하다.
슬픔은 나누면 반이 되고,
기쁨은 나누면 배가 된다.

36
나이를 잊어라

일본의 후지 산을 놓고 두 할머니가 대화를 나누고 있었다.
"나는 저 후지 산을 꼭 넘고 말겨!"
"우리 나이가 육십이 넘었는데 무슨 소리여! 얼토당토않은 말은 하지도 말아."
"아녀, 인생은 육십부터라고 하잖여. 나는 반드시 후지 산을 넘고 말겨!"
10년 후 두 할머니의 인생은 매우 다른 길을 가고 있었다. 예순 나이를 인생의 끝이라고 본 할머니는 휠체어 없이는 거동할 수 없었고, 인생은 육십부터라고 생각한 할머니는 후지 산을 등반하고 새로운 삶에 도전하는 제2의 인생을 살고 있었다.

울산에 사는 일흔이 넘은 할머니 한 분이 찾아왔다. 31세에 소박을 맞고 혼자 몸으로 두 아들을 키웠다고 했다. 마음의 고통을 잊기 위해 40대에 공부를 시작했다. 먼저 위인전을 읽기 시작했다. 그리고 63세에 4년제 대학 컴퓨터전자공학과에 입학했다. 젊은 학생들 틈에서 공부를 하자니 힘에 부쳐 포기하고 싶을 때도 있었지만, 결국 할머니는 3등이라는 성적으로 대학을 졸업했다. 그리고 73세에 대학 강단에 섰다.

그녀에게는 나이는 숫자에 불과할 뿐 삶은 청춘 그대로였다. 지금 나이가 가장 좋은 나이임에 틀림없다.

> 청춘이란 인생의 어느 기간을 말하는 것이 아니라
> 마음의 상태를 말한다.
> ― 사무엘 울만

37
살아야 할 목적을 찾아라

A씨는 3개월 시한부를 선고받았지만 2년의 시간을 버텨냈다. 그래서 가족과 함께 캐나다로 이민을 떠났다. 이민 생활에 어느 정도 적응이 되었다 싶었는데 암이 재발했다는 청천벽력 같은 소식을 들었다. 아이들에게 숨기고 한국으로 돌아온 그는 단칸 지하방에서 죽음을 기다렸다.
"자네 살고 싶은가? 그렇다면 목숨을 걸고 웃게나."
동네의 한 어르신이 던진 말에 화가 치밀었다.
'죽음 앞에서 어떻게 웃을 수 있단 말인가!'
한 가닥 희망을 걸고 웃어보려 했지만 처음 "하!" 소리를 내기가 정말 힘이 들었다. 웃다가 울고, 웃다가 울고……. 내내 울음만 쏟아져서 펑펑 울 때가 더 많았다. 웃기 시작한 지 일주일이 지나자 몸에 조금 힘이 생겼다.

뒤늦게 아빠의 일을 알게 된 두 아들이 한국으로 돌아와 그를 찾아냈다.

"아빠, 우리는 아무것도 필요 없어요. 아빠만 있으면 돼."

가족은 그가 살아야 할 이유였다.

시한부 선고를 받은 암환자들을 만나 조사해 보니, 살아 있는 사람들에게는 공통된 특징이 있었다. 목적을 갖고 그것을 찾다 보니 살게 되었다는 것이다. 목적이 있는 삶 앞에는 어떤 장애물도 장애가 될 수 없지만, 목적이 없는 삶 앞에는 모든 것이 장애물이다.

> 내가 사랑에 대해 안다면 그것은 당신이 있기 때문입니다.
> ― 헤르만 헤세

가장 값진 것을 나누며 살아라.

조너스 솔크, 그는 미국의 의학자였다.
당시 가장 무서운 질병 중 하나였던 소아마비를 연구해
1955년 소아마비 백신이 생산되기에 이르렀다.
솔크 박사는 소아마비 백신 개발연구에서 200번이나 실패했다.
"박사님 백신 개발에 벌써 200번이나 실패했는데 어떻게 생각하십니까?"
하지만 솔크 박사는 당당하게 대답했다.
"저는 한 번도 실패한 적이 없습니다.
단지 백신이 효과를 나타내지 못하는 200가지 방법을 발견했을 뿐입니다."
오랜 고생 끝에 박사는 마침내 백신 개발에 성공했다.
백신을 팔아서 엄청난 부를 얻는 건 시간 문제였다.
그러나 박사는 백신 제조법을 무료로 공개했다.
"저는 백신 개발을 특허로 등록하지 않을 것입니다.
저 태양을 특허로 신청할 수 없듯이 말입니다."

어느 날 아파트 계단을 내려오다가
깨끗이 잘 씻어 내놓은 자장면 그릇을
보았습니다. 그런데 그 그릇 위에는
이런 메모가 놓여 있었습니다.

맛있게 잘 먹었습니다.

누군가의 맑고 향기로운 마음을
본 것 같아 그날 하루 종일
행복했습니다.

38
절대 긍정을 만들어라

"6개월 만에 2만 8천 명 중에 1등을 할 수 있었던 것은 절대 긍정의 마음이 있었기 때문입니다. 그 마음을 만들기 위해 죽어라고 웃었습니다."

그는 수많은 보험설계사 가운데 신화적인 기록을 남겼다. 엄청난 성과의 원동력을 묻는 사람들에게 그것은 아내의 '바람'이라고 대답한다.

2박 3일 어디론가 여행을 다녀온 후로 아내는 달라졌다. 삶은 활기 찼고 자주 웃기 시작했다. 아내는 '웃음 친구들'이라면서 사람들을 만나기 시작했다. 그들은 나이도 성별도 직업도 비슷한 점이 하나도 없었지만 허물없이 유쾌하게 지내는 모습이 참 인상적이었다. 사람 만나는 일을 직업으로 가진 그로서는 부럽기도 하고 궁금하기도 했다.
'도대체 2박 3일 동안 무슨 일이 있었던 거지?'
궁금함을 참지 못하고 그도 행복여행을 다녀왔다. 실컷 웃고 사람을 만나는 것이 이렇게 즐거운 일이 될 줄이야!
고객이 자동차보험을 재가입해야 하는데 타사에 비해 비싸다고 거절했다. 하지만 이 계약은 반드시 성사될 것이라는 마음으로 실컷 웃고 나서 고객을 찾아가 만났다.
"실은 제가 웃음치료사거든요. 오늘은 장수할 수 있는 비결을 알려드리고 가겠습니다."
한바탕 박장대소하고 나니 고객이 먼저 말문을 열었다.
"계약합시다."
"비싸서 다른 곳과 계약하신다면서요?"
"비싸야 얼마나 비싸겠어요!"

말이 씨가 된다는 말이 있다. 긍정의 씨앗을 심으면 당연히 긍정의 열매를 얻고, 부정의 씨앗을 심으면 당연히 부정의 열매를 얻는 것이다.
절대 긍정의 마음이란 큰 일이나 어려운 일 앞에서 결코 기죽지 않고 흔들리지 않는 마음이다. 당신 마음 안에 절대 긍정을 만들 수 있다면 당신의 인생은 절대 긍정으로 이루어질 것이다.
    절대 긍정을 만드는 가장 쉽고 간단한 방법, 웃는 것이다. 그냥 웃는 것이다.

> 사람은 함께 웃을 때 서로 가까워지는 것을 느낀다.
> — 레오 버스카글리아

39
우뇌의 힘을 키워라

1931년 4월 30일 엠파이어스테이트 빌딩이 뉴욕 시 맨해튼 34번가에 지어졌다. 높이 381미터, 102층에 106,400개의 창문과 67개의 엘리베이터와 2,500개의 화장실. 그런데 이 멋진 빌딩을 지어놓고도 분양이 안 되었다. 많은 사람들이 고층 빌딩은 언제 무너질지 모른다는 불안감을 갖고 있었기 때문이다.

그때 나온 영화가 〈킹콩〉이었다. 거대한 킹콩이 엠파이어스테이트 빌딩을 한 손으로 붙잡고 올라가면서 쾅쾅 내리쳐도 무너지지 않는 견고함이 영화를 통해 보여졌다. 그후 불티나게 분양되었다고 한다. 사람들의 마음을 사로잡을 수 있었던 것은 건물의 설계도가 아닌 감성적 공감이었다.

미국의 예술가 고든 맥켄지가 캔사스 시의 초등학교에서 근무하던 때의 일이다. 1학년 교실에 들어서면 그는 이렇게 묻곤 했다. "이 반에는 예술가가 몇 명이나 있나요?" 그러면 아이들 모두가 손을 들었다. 똑같은 질문을 3학년 교실에서 던지면 반 정도의 학생들이 손을 들었다. 그리고 6학년들에게 질문을 던지면 한두 명의 '비밀' 예술가가 손을 들었다. 어린 나이에는 모두 자신이 예술가라고 생각한다. 그런데 나이가 들수록 새로운 고정관념이 생긴다. 예술이나 감성의 창조는 타고난 소질이 있어야만 가능하다는 고정관념이다.

산업사회와 정보사회를 거쳐 지금은 감성이 이끌어가는 시대가 되었다. 세계의 석학 다니엘 핑크는 디자인, 스토리, 조화, 공감, 놀이, 의미가 미래 사회의 경쟁력이라고 말한다. 권위와 형식으로 채워진 어른일지라도 어린아이처럼 놀 수 있고 즐길 수 있다면, 언제든지 살아나는 것이 감성이다.

> 세상에서 가장 재미있는 일들을 이해하지 못한다면
> 가장 심각한 일들을 상대할 수 없을 것이다.
> ― 윈스턴 처칠

40
행복지수를 높여라

50대의 한국 아줌마, 영어가 서툴러도 미국 사람들 앞에서 강연하고, 펀(Fun) 경영 전문가로서 전 세계를 누비는, 감옥에서부터 구글까지도 펀컨설팅했다는 그녀에게 물었다.

"기업을 컨설팅할 때 많이 사용하는 노하우 한 가지만 가르쳐주세요."

두말할 것 없이 "What a wonderful!"이라는 감탄사라고 했다. 실제 기업 경영에 감탄을 도입한 한 기업은 이후 매출이 2배가량 향상되었다고 한다. 감탄은 최고 칭찬이자, 긍정의 언어이기 때문이다.

"우와~ 오늘 당신을 보니 기분이 무척 좋습니다!"

가정에서도 감탄을 사용하면 행복지수가 올라간다.

아들이 숙제를 두고 끙끙대고 있었다. 숙제는 아빠를 칭찬하는 작문이었다. 고민하던 아들은 출근하는 아빠 뒷모습을 향해 한마디를 날렸다.

"우와~ 아빠 뒷모습이 든든해요!"

숙제를 끝내기 위해 생각 끝에 겨우 찾은 한마디였는데 아빠의 반응은 놀라웠다. 그날 저녁 퇴근길에 그렇게 졸라도 사주지 않으시던 게임기를 들고 일찍 들어오신 것이다. 가정을 춤추게 하는 방법이 있다면 자주 감탄을 터뜨리는 것이다.

> 세상이 자기를 행복하게 해주지 않는다고 불평하는 것은 이기적인 병이다. 이러한 사람은 행복을 소비할 것만 생각하고 행복을 생산할 것은 생각지 않고 있다.
> — 버나드 쇼

41
자신감을 키워라

옛날 장군들은 전쟁터에서 웃음을 무기로 사용했다. 큰 소리로 "하하하!" 웃음으로써 상대방의 기를 꺾어버리곤 했다. 큰 웃음은 이 전쟁에서 내가 이길 것이라는 자신감의 표현이기 때문이다.

큰 소리로 웃다 보면 단전에서 자신감이 증폭되어 올라온다. 그러면 두려웠던 마음을 깨고 불끈 용기를 불러일으킨다. 명장의 힘은 곧 웃음의 힘이었다.

의료기 판매 회사를 운영하는 40대 중반의 기업가를 만났다. 하루는 직원과 의견 대립이 있었는데 그가 매우 화가 난 눈빛으로 자신을 바라봤단다. 사람의 눈빛이 그렇게 무서운지 처음 느꼈고 그의 뇌리에 박혀버렸다.

그후로 사람의 눈을 똑바로 바라볼 수가 없었다. 심지어 아내의 얼굴도, 딸아이의 눈도 똑바로 볼 수 없었다고 한다. 자연히 매출은 떨어졌다. 극복해 보고자 정신과와 수련원을 다녀보았지만 나아지지 않았다. 웃음이 좋다는 이야기를 듣고 지푸라기라도 붙잡는 심정으로 행복여행에 참석했다.

그는 무조건 크게 웃었다. 차 안에서 웃고, 회사에 들어서면서도 웃고, 퇴근하면서도 웃었다. 6개월쯤 지나자 본인도 느낄 정도로 자신감을 찾았고, 급기야 겁을 상실하는 단계에 이르렀다며 또 웃었다. 웃다 보면 사나이 자신감 급상승이다. 아까짓 것~

> 인류에게 참으로 효과적인 무기가 있으니
> 그것은 바로 웃음이다.
> ― 마크 트웨인

나는 행복할 권리가 있다.

NBA에서 10년 이상 활약하고 있는 프로 농구 선수가 있었다.
그는 지난 10년 동안은 승승장구했다.
그런데 최근 슛에 자신이 없어졌다고 했다.
시합 중에도 이것저것 다른 생각을 하게 되고,
경기에 완전히 몰입할 수가 없었다.
"스스로 압력을 만들어내는 기분입니다.
내가 나 자신을 비난합니다.
그러면서 자신감은 더욱 떨어집니다.
다시 행복감을 맛보고 싶습니다."
남의 표정에 마음이 쏠리고, 남의 말에 감정이 상하고,
남의 행동에 기분이 나빠지는 이상 행복은 멀어진다.
상대가 나를 어떻게 보느냐는 중요하지 않다.
나는 이 세상에 단 하나밖에 없는 존재이다.
나는 아주 특별한 존재이기 때문에
행복할 권리가 있다.

42
행복 습관을 길러라

한 여인이 아들의 손을 잡고 간디를 찾아왔다.

"선생님 우리 아이가 사탕을 너무 좋아해서 치아가 다 상했습니다. 더 이상 사탕을 먹지 않도록 선생님께서 얘기 좀 해주세요."

간디는 그 여인에게 3주 후에 다시 찾아와 달라고 말했다. 3주 후 여인은 아이를 데리고 다시 간디를 찾았다. 간디는 그 아이를 보더니 무릎을 꿇고 말했다.

"사탕은 그만 먹으렴. 사탕을 계속 먹으면 이가 상하고, 그러면 더 맛있는 것을 먹을 수가 없단다."

아이는 평소 사람들의 존경을 받고 있는 간디의 말이었기에 그렇게 하겠다고 약속했다. 하지만 아이의 엄마는 이해할 수가 없었다.

"선생님 이렇게 쉬운 말씀이라면 3주 전에 왔을 때 해주지 그러셨어요. 왜 다시 오라고 하셨습니까?"

그러자 간디가 대답했다.

"사실 저 역시 사탕을 좋아합니다. 그날도 제 입에 사탕을 물고 있었거든요."

좋은 습관을 만들려면 이전에 갖고 있던 나쁜 습관을 버려야 하는 수고가 따른다. 행복 습관도 마찬가지다. 아침에 일어나서 얼굴 표정을 바꾸는 일은 찡그리거나 무표정한 얼굴을 버려야 하는 수고가 뒤따른다. 때로는 사람들 앞에서 체면을 버려야 하는 희생(?)이 따르기도 한다. 하지만 그 작은 노력이 행복 습관을 만드는 시작이다.

> 오늘 하루 좋은 행동의 씨를 뿌려서 좋은 습관을 거두어라.
> 좋은 습관으로 성격을 다스리는 날부터
> 운명은 새로운 문을 열 것이다.
> ― 데카르트

43
웃음지수로 극복하라

외환 위기 당시에 유머로 나라를 구했다는 영웅담(?)을 지닌 금융가가 있다. 외국 투자자에게 큰 금액을 빌려와야 하는 상황이었다. 처음에는 투자를 받기 위해 그럴싸한 포장을 할까 생각했지만 그분은 솔직함과 유머의 힘을 빌리기로 마음먹었다.

먼저 고급 유머가 실려 있는 책 세 권을 사서 달달 외웠다. 투자자의 마음을 움직일 수 있다면 그들의 돈도 얻을 수 있다고 생각했기 때문이다.

"미국에서 한 목사님이 곰 사냥을 나갔습니다. 아무리 기다려도 곰이 나타나질 않자 총을 옆에 두고 찬물로 세수를 했는데, 세수를 하고 얼굴을 든 순간 깜짝 놀랐습니다. 커다란 곰 한 마리가 목사님을 쳐다보고 있었던 것입니다. 목사님이 할 수 있는 일은 하나님께 기도하는 방법 외에는 없었습니다.
'오~ 하나님 저 곰이 제발 하나님을 믿는 곰이 되게 해주세요.'
그러자 곰이 커다란 입을 쫙 벌리며 이렇게 말하더랍니다.
'오~ 하나님 일용할 양식을 주셔서 대단히 감사합니다.'"

외국 투자자는 이 유머 하나에 자지러지게 웃었다.
"긴장을 하게 되면 투자를 해야 하는지 말아야 하는지 판단을 내리기 어렵습니다. 그러나 한바탕 웃고 나면 긴장이 풀려 좀 더 정확한 판단을 내릴 수 있습니다. 이제 제가 프레젠테이션을 시작해도 되겠습니까?"
이렇게 그는 투자를 받는 데 성공했다.

위기가 닥치면 마음과 생각이 굳는다. 그래서 헤쳐 나갈 방법을 찾기보다는 더 좋지 않은 선택을 하는 경우가 많다. 웃음은 생존을 넘어 성장할 수 있는 강력한 돌파구이다.
세계 역사상 위대한 지도자나 최고 기업가의 특징은 긍정적인 생각과 유머를 즐겨 사용했다는 것이다. 특히 성공한 기업가에게서 볼 수 있는 자신감과 창의성, 유연성은 유머의 본성이기도 하다. 웃음이 가미될 때 그 효과는 엄청나기 때문이다. 그러므로 위기에 빠질수록 웃음으로 활력을 불어넣자.

도산 안창호 선생님은 이렇게 역설한 바 있다.

"나라가 어려울수록 더 많이 웃어야 합니다. 어린이는 방그레, 젊은이는 빙그레, 늙은이는 벙그레."

> 유머는 일을 유쾌하게, 교제를 명랑하게, 가정을 밝게 만든다.
> ─ 데일 카네기

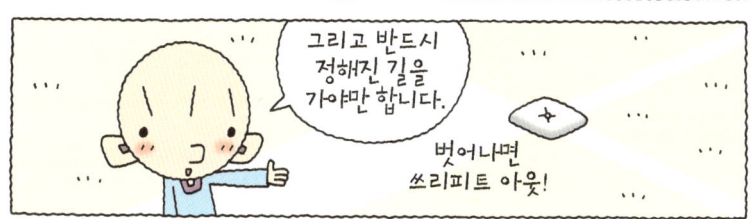

44
감사노트를 써라

오래전 본 영화에 다음과 같은 장면이 있다.
아빠와 아들이 야구를 하는데, 공을 한 번도 맞추지 못하는 아들에게 아빠는 이렇게 말했다.
"아! 조금 느렸을 뿐이야. 방망이를 더 휘둘렀다면 쳤겠는걸."
두 번째도 아들은 빈 방망이만 휘둘렀다.
"우와! 아주 잘했어, 아주 잘했어! 칠 뻔했어!"
아빠는 끊임없이 칭찬과 박수를 보냈다.

대부분의 부모는 이런 상황에서 화를 참지 못한다. 아니, 세 번은

참았을 것이다. 하지만 이내 폭발한다.

"벌써 몇 번째냐? 방망이를 더 빨리 휘둘러야지!"

"너는 누구를 닮아서 그러니?"

부모는 화가 나고 아들은 상처를 받는다. 차라리 하지 않은 것보다 못한 결과이다.

모든 상황을 긍정적으로 받아들이는 데는 마음가짐만으로는 부족하다. 긍정적인 생각이 몸에 배도록 훈련하는 것이 필요하다.

특별히 화가 나는 날이 있다면 관점을 전환하라. 물론 화가 머리 꼭대기까지 오르는 날도 때로는 찾아온다. 그럴지라도 꾸욱 참고 감사노트를 써보자. 상대방의 단점보다는 장점이 보이기 시작할 것이다.

1. 주장이 뚜렷해서 좋다. (고집이 무척 세다.)
2. 세심하고 섬세하다. (항상 지적만 하는 사람이다.)
3. 에너지가 넘친다. (감정이 잘 폭발하는 다혈질이다.)

> 사람이 얼마나 행복한가는 그의 감사의 깊이에 달려 있다.
> ─ 존 밀러

45
웃으면서 밥값 하자

S바이오메디칼 회장님은 웃음이 불황을 극복하는 돌팔구임을 확신했다. 2008년 회사가 어려워지자 무엇보다 먼저 웃음경영을 도입했다.
"우선 웃자! 그래도 목표를 달성하지 못하면 그때 웃지 말지 뭐."
사훈마저 '그래도 웃자!' '웃으면서 밥값 하자!'로 바꿔버렸다. 직원들은 식사 시간마다 웃기 시작했다. 한번은 점심시간에 회사에 들른 한 은행의 지점장이 직원들의 웃음소리를 듣고 대출을 해주었단다. 직원들이 웃고 있는 회사는 성장할 수밖에 없다면서. 웃음이 가져다준 결과를 회장님은 이렇게 표현했다.

"기업은 어차피 사람입니다. 모든 경영자의 고민은 '기업의 구성원들이 얼마나 긍정적인 사고를 하느냐'에 있습니다. 조직 구성원들의 사고가 긍정적이고 활성화해야 위기도 극복할 수 있고 발전할 수 있기 때문입니다. 그러나 여러 가지 교육을 도입해 왔지만 그 효과는 3일 이상 가지 않았습니다.
작년부터 우리 직원들을 웃음 세미나에 보냈습니다. 결과는 참으로 놀라웠습니다. 지금까지 150여 명이 다녀왔는데 한 사람도 예외 없이 긍정적인 마인드를 갖춰 나가고 있습니다. 다녀온 직원마다 제게 와서 감사의 인사를 합니다. 그러다 보니 이제는 서로 보내달라고 요구합니다. 우리 회사가 어떻게 변화해 나갈지 나는 참으로 궁금합니다. 하하하!"

한 유명한 주식 애널리스트는 투자에 앞서 반드시 그 회사 직원들의 표정을 살핀다고 한다. 표정이 좋으면 투자를 결정하고 표정이 안 좋으면 투자를 하지 않았는데, 거의 100퍼센트 적중했다.

> 사람들에게 호감을 사고 싶다면 웃는 얼굴로 사람을 만나라.
> 웃음 띤 얼굴을 갖지 않는 자는 장사꾼이 될 수 없다.
> ― 중국 격언

가끔은 멈춰 서라.

한 부부가 이혼을 결정했다.
"당신은 오직 돈밖에 몰라요.
결혼생활 10년 동안 한 번이라도 쉬어본 적이 있나요?
당신에게 나와 아이는 어떤 존재인가요?"
아내의 기억 속에 남편은 기계와 같았다.
일요일에도 새벽 두세 시가 그의 퇴근시간이었다.
어린 시절 어렵게 살았던 남자는 쉬려면 불안했다.
'나만 뒤처지고 있는 것은 아닐까?'
'나만 멈춰 선 것은 아닐까?'
그는 어느새 일중독자가 되어 있었다.
하지만 더 높이 뛰기 위해서는 때로는 멈춰 서야 한다.
잠시 깊은 호흡을 들이마실 때 자신의 조급함을 알 수 있고,
잠시 멈춰 섰을 때 주위 사람들을 돌아볼 수 있고,
잠시 멈춰 섰을 때 자신이 가진 행복을 깨달을 수 있다.
오직 앞만 보인다면,
지금이 잠시 멈춰 설 때이다.

46
행복한 척이라도 해라

중국 한 폐왕에게 혼기가 찬 외동딸이 있었다. 왕은 공주를 세상에서 가장 멋지고 늠름하고 잘생긴 청년과 결혼시키고 싶었다. 그래서 온 나라에 '공주의 신랑감을 찾습니다'라는 방을 붙였다.

평생을 궁궐에서 공주와 함께 호화롭게 살 수 있는 기회에 많은 백성들이 몰려들었다. 그러나 왕의 눈에는 그 누구도 공주의 배필로는 마음에 들지 않았다. 포기할 즈음에 산골 출신이지만 반듯한 청년이 찾아왔다. 왕은 청년의 늠름하고 잘생긴 모습이 마음에 들었다. 이렇게 산골 청년은 왕의 사위, 즉 부마가 되었다.

그런데 청년은 인두겁, 가면을 만드는 사람이었다. 청년은 궁궐에서 살고 싶은 마음에 잘생긴 인두겁을 만들어 쓰고 나타난 것이다. 바라던 호화로운 궁궐 생활이었지만 일 년이 지나자 더 이상 견딜 수가 없었다. 자신의 진짜 모습이 아닌 잘생긴 사람 흉내를 내며 살자니 마음도 무겁고 힘이 들었던 것이다. 부마는 왕에게 이실직고하고 본래 자신의 모습으로 살고자 했다.
"폐하 죽여주십시오. 저는 사실 인두겁을 만드는 사람입니다. 저는 잘생기지도 않고 멋지지도 않습니다······."
부마의 고백에 왕은 무척 화가 났다. 그래서 당장 인두겁을 벗어보라고 소리쳤다. 부마가 인두겁을 벗자 그곳에 모인 사람들은 깜짝 놀라고 말았다. 인두겁을 썼을 때와 똑같은 얼굴이었기 때문이다. 일 년이란 시간 동안 가장 멋지고 늠름한 모습으로 살고자 애쓰다 보니 어느새 그런 사람이 되어 있었던 것이다.

세상살이가 마음먹은 대로 되지 않고 좀처럼 웃을 일이 없다는 사람들이 많다. 그럴수록 웃어야 한다. 얼굴과 마음은 동전의 양면처럼 늘 함께 가는 것이다.
 행복도 마찬가지다. 지금 당장은 행복한 사람이 아닐지라도 행복한 것처럼 웃고, 행복한 것처럼 즐기고, 행복한 것처럼 말하고, 행복한 것처럼 습관을 들이다 보면 어느새 환경과 상관없이 행복한 사람이 되어 있을 것이다.

행복은 신(神)의 선물이 아니라 나 자신이 만드는 것이다.

> 웃음으로 살려면 자신을 사랑하라. 먼저 당신을 사랑하라.
> 그럼 일들은 저절로 해결될 것이다.
> 이 세상에서 뭔가를 하려면 먼저 자신을 사랑해야 한다.
> ─ 루실 벌

47
혀를 다스려라

베티는 도화지에 아무것도 그리지 않았다. 미술 선생님은 하얀 도화지를 들여다보더니 "와! 눈보라 속의 북극곰을 그렸구나!"라고 말했다.
"놀리지 마세요. 전 아무것도 못 그리겠어요."
"그냥 네가 하고 싶은 대로 해봐."
베티는 도화지 위에 연필을 힘껏 내리꽂았다.
도화지를 뚫은 점 하나를 보고 선생님은 말했다.
"음, 멋지군! 이제 여기 네 이름을 쓰렴."
선생님은 베티의 그림을 선생님 자리에 걸었다.
"흥! 저 점보다 훨씬 멋진 점을 그릴 수 있는데."

베티는 물감을 꺼내 점을 그리기 시작했다. 노란 점, 빨간 점, 파란 점, 작은 점, 큰 점……. 학교에서 미술 전시회가 열렸고, 베티가 그린 점들은 인기가 대단했다. 한 아이가 부러움이 가득한 목소리로 말했다.
"누난 정말 굉장해! 나도 누나처럼 잘 그렸으면 좋겠어."
"너도 할 수 있어. 한번 그려봐."
베티는 비뚤비뚤한 선을 한참을 바라보더니 말했다.
"음, 멋지군! 이제 여기 네 이름을 쓰렴."

피터 레이놀즈의 《점》이라는 동화책에 나온 이야기이다. 선생님의 관심과 칭찬 한마디가 꼬마 화가를 만들었다. 사람을 살릴 수도 있고 죽일 수도 있는 것이 있다면 그것은 바로 사람의 말이다. 그러므로 말을 부리는 것은 가장 큰 절제이자 능력이다.

> 좋은 말 한 마디가 나쁜 책 한 권보다 낫다.
> — 영국 속담

48
행복 필터를 사용하라

외환위기 시절 대구에서 4개의 공장을 운영하는 기업가가 있었다. 어느 날 선배를 믿고 어음을 발행하고 대출을 해주었다가 선배의 회사가 부도나는 바람에 그의 회사 역시 눈 깜짝할 사이에 사라지고 말았다.

술로만 세월을 보내며 살았다. 밖에 나갈 때는 칼과 낫을 차 트렁크에 싣고 다녔다. 몸을 상하게 하는 것으로 분노만큼 무서운 것은 없었다.

폐인으로 산 지 10여 년. 새벽부터 일을 나가는 아내를 보면서 살아야겠다는 마음이 올라왔다. 부부는 새로운 인생을 위해서 행복여행을 떠났다. 그곳에서 10년 동안 이를 갈았던 선배를 용서하기로 했다. 인생에 돈이 전부가 아니라는 것을 쉰이 넘어서야 알게 된 것이다.

그런데 원수 같은 선배를 발가벗은 목욕탕에서 만났다. 사시나무 떨 듯 벌벌 떨고 있는 선배 앞으로 다가갔다.

"선배 덕분에 나는 지금 행복합니다. 바닥을 치고 나서야 인생에 무엇이 더 중요한지를 알게 되었습니다."

갑자기 환경이 좋아진 것이 아니었다. 단지 마음이 좋아진 것이다. 공장에서 하루 종일 일하고 녹초가 되어도 행복했다. 분노는 삶을 흐리게 하지만, 용서는 삶을 풍요롭게 한다.

공장이 비행장 옆에 있어 하루에도 몇 번씩 제트기 소리를 들어야 했지만, 아내와 제트기가 뜰 때마다 웃기로 약속한 이후로는 더 이상 시끄럽지 않았다. 마음이 행복하면 소음도 음악이다.

> 그대에게 죄를 지은 사람이 있거든,
> 그가 누구이든 그것을 잊어버리고 용서하라.
> 그때에 그대는 용서한다는 행복을 알 것이다.
> ― 톨스토이

49
즐거움이 시작이다

호나우두, 호나우지뉴는 브라질 출신의 세계적인 축구 선수이다. 세계적인 슈퍼스타 펠레를 비롯해 브라질에는 뛰어난 축구 선수들이 참 많다. 그렇다면 브라질 축구 선수들이 유달리 뛰어난 이유는 무엇일까?

그들은 축구 연습을 하다가 비가 오면 이렇게 말한단다.

"우와, 비 온다. 색다르게 축구할 수 있겠는걸."

반면 K나라 선수들이 연습을 하는데 비가 오기 시작했다.

"우와, 비 온다. 오늘 연습은 그만하자."

원인은 같은데 결과는 다르다. 브라질 선수들은 축구를 놀이라고 생각했기 때문이고, K나라 선수들은 축구를 일이라고 생각했기 때문이 아닐까?

가정도 직장도 일하는 곳이라 생각하면 생각만 해도 힘이 빠진다. 하지만 늘 새로운 놀이를 만날 수 있는 신나는 놀이터라고 생각하면 신바람이 난다.

단거리 육상의 신기록 제조기라 불렸던 칼 루이스는 끝까지 즐기는 사람이었다. 그는 100미터 경주에서 힘껏 달리다가도 80미터 지점에 오면 항상 씨익 웃었단다.

"나머지 20미터는 웃기 때문에 더 잘 달릴 수 있습니다."

모든 것은 즐기는 데서 시작한다. 우리 인생이 웃다가 자빠지는 인생이 되었으면 좋겠다.

> 행복을 찾는 유일한 길은 행복을 인생의 목적으로 하지 말고
> 행복 이외의 것을 인생의 목적으로 삼는 것이다.
> ― J. S. 밀

사랑을 미루지 마라.

톨스토이의 우화집에 나오는 이야기이다.
어느 날 톨스토이가 여행 중 한 주막집에 들렀다.
그런데 몸이 아픈 주막집 딸아이가
톨스토이의 빨간 가방을 달라고 졸라댔다.
톨스토이는 짐이 있어서 지금은 줄 수 없고
돌아가는 길에 다시 들러 주겠다고 약속을 했다.
여행을 마치고 톨스토이는 가방을 주기 위해 주막집에 들렀다.
그러나 주막집 아이는 이미 죽고 없었다.
톨스토이는 그 아이의 무덤에 찾아가 비석에 이런 글을 새겨놓았다.
"사랑을 미루지 마라."
많은 사람들은 이렇게 말한다.
"환경이 나아지면 웃을게요."
"몸이 좋아지면 웃을게요."
"성공하면 웃을게요."
"마음의 여유가 생기면 사랑할게요."
지금 시작하지 않으면
웃을 기회, 사랑할 기회는 결코 오지 않는다.

50
긍정의 스위치를 켜라

"나는 석고다. 나는 석고다."
체면 놀이를 했다. 한쪽 의자에 머리를 걸치고, 한쪽 의자에 다리를 걸친 후 딱딱하게 굳은 내 몸 위로 건장한 두 남자가 올라왔다. 자기 암시는 누구나 걸 수 있고, 몸은 암시에 걸린 대로 반응한다.

그런데 문제는 순간 순간 부정적인 생각에, 부정적인 암시에 걸린다는 것이다. 사람은 하루에 오만 가지 쓸데없는 생각을 한다더니 시간이 지나자 부정적인 생각이 들기 시작했다.

'차에 눌린 거랑 똑같잖아?'
'괜히 했나? 아픈 것 같네……'

한 건강한 남자에게 실험을 했다.

"저, 어디 아프세요? 안색이 안 좋아요."

첫 번째 사람이 다가와서 이렇게 말했을 때 남자는 "아뇨. 아픈 데 없는데요."라고 대답했다. 두 번째 사람이 가서 똑같은 말을 했다.

"안색이 안 좋아요. 얼굴이 노랗네요."

남자는 '내가 어디가 아픈가?'라는 생각이 들었다. 그러고 보니 땀이 나는 것 같고 속도 안 좋은 것 같았다. 세 번째 사람이 다가가서 말했다.

"저 혹시 병원 가야 되는 거 아니에요?"

건강한 남자는 그 자리에서 쓰러지고 말았다.

생각의 힘이 이렇게 무서운 것이다. 건강이나 나약함도 자기 암시에 따른 결과이고, 가난함이나 부유함도 자기 암시에 따른 결과이다. 암에 걸렸을지라도 죽을병이라고 생각하는 사람의 치유율은 38퍼센트에 그치지만, 고칠 병이라고 믿는 사람의 치유율은 70퍼센트까지 올라간다는 통계가 있다. 이처럼 긍정의 힘은 세다.

힘든 일을 만나더라도 긍정적인 면을 찾는 사람과 그렇지 않은 사람은 결과에서도 큰 차이가 난다.

행복도 불행도 자기 암시에서 비롯된다. 자기 암시가 현실로 나타나기 위해서는 만 번을 말해야 한다.

"나는 건강하다! 나는 행복하다! 나는 부자다!"

외친 지 일 년 반이 지났다. 오만 번이 되는 날, 긍정의 유전자가 깨어날 것이다!

一笑一少 一怒一老
(한 번 웃으면 한 번 젊어지고, 한 번 노하면 한 번 늙는다)

51
첫인상의 매력을 키워라

스페인 귀족 돈 주앙은 육체적인 쾌락만을 좇아 방탕하게 사는 인물임에도 그의 매력에 빠져들지 않는 여자가 없었다. 호색한 돈 주앙은 돈 많은 과부들만 유혹했는데, 한 과부와 결혼해서 돈을 물 쓰듯 쓰고 나면 헤어지고 다른 과부와 결혼했다. 그러다 결국 고소를 당했고 법정에 서게 되었다.

판사는 이런 바람둥이에게 빠져드는 여자들을 이해할 수 없었다. 그래서 돈 주앙에게 피해를 본 여자들에게 물었다.

"이런 바람둥이의 어떤 점이 그렇게 매력적이던가요?"

여자들의 답변은 하나같이 똑같았다.

"돈 주앙은 너무나 잘 웃습니다. 그는 정말 친절합니다."

자신을 향해 웃고 있는 돈 주앙을 보면 착하고 성실해 보여 평생 자기만 사랑할 것 같았다는 것이다.

미국의 과학 저널리스트 대니얼 맥닐은 그의 저서를 통해 웃음은 사람의 판단을 흐리게 한다고 말했다. 판사들은 재판에 임할 때 공평무사하게 판결을 내리는 것 같지만 실제로는 재판 중에 미소를 짓고 있는 피고인에게 더 가벼운 형량을 선고한다고 한다. 가장 객관적이고 논리적이어야 할 법정에서도 웃음과 미소로 판사의 판단을 흐리게 한다는 것이다.

많은 학자들이 첫인상은 보통 3초 안에 결정된다고 말한다. 그러므로 3초 안에 성공에 이르는 최고의 노하우는 활짝 웃는 것이다. 웃음의 힘을 믿어라!

사랑은 첫인상과 함께 시작된다.
— 셰익스피어

52
즐기면서 일하라

대한민국 남자라면 다들 경험하는 것이 예비군 훈련이다. 훈련을 받기 싫어서 숨고 투덜대고 조교들과 싸우는 것이 다반사다. 그런데 서울 마포구의 한 훈련장에서 작은 변화가 시작되었다. 예비군에게 특혜를 부여한 것이다.

자유로운 공간에서 자장면도 시켜 먹을 수 있게 되었다. 훈련을 잘하면 보상도 있다. 사격 훈련에서는 표적을 맞추면 특수부대처럼 멋지게 사진 촬영을 해서 액자를 증정했다. 그렇게 되니 놀랍게도 인상을 찡그리는 예비군은 하나도 없었다. 오히려 시범을 보이겠다고 줄을 섰다.

저녁 안보 교육에서는 더욱 특별한 서비스가 있었다. 꽤 먼

지하철역까지 대대장님의 지프차로 태워다준다는 것이다. 그러니 너도 나도 손을 들어 발표를 했다. 이렇게 재미있는 예비군 훈련은 난생 처음이었다.

과거 포드 자동차에서는 작업 중에는 웃어도 안 되고, 휘바람을 불어서도 안 되고, 심지어 동료와 말을 해서도 안 되었다. 결국 한 직원이 휘바람을 불며 일을 하다가 해고를 당했다.

요즘은 역으로 재미가 없기 때문에 해고를 당하는 시대가 되었다. 한 아줌마가 샌프란시스코로 이민을 가서 외국인 회사에서 취직했다. 한국 사람 기질답게 쉬지도 않고 죽어라고 일을 했다. 매출이 2배로 신장되었는데도 그녀는 해고를 당하고 말았다.

"당신은 재미가 없어서 부하직원들이 따르지 않아요."

그녀는 기가 막혔지만 사실이었다.

시대는 변한다. 시대가 원하는 인재의 기준도 변한다. 여하튼 지금은 놀면서 일하는 사람이 최고의 인재이다!

> 성인이 하루 15번만 웃고 살면
> 병원의 수많은 환자들이 반으로 줄어들 것이다.
> ― 조엘 굿맨

다 같은 광인데 왜 비광은 1점으로 안 쳐줄까요?

2점 못났네

혼자서는 불완전하지만 네 장, 다섯 장이 모여 그 속에 얌전히 섞일 때 비로소 제 값을 찾는 비광.

비광에는 48장 중 유일하게 사람 그림이 들어 있습니다.
사람은 그런 존재가 아닐까요?
이 자연과 우주 속에서.

잘난 체 하지 맙시다...

53
세상에 공짜는 없다

어느 나라의 왕이 12명의 현인들을 불렀다.
"온 백성들이 행복하게 살 수 있는 방법을 찾아라."
일 년 뒤 현인들은 12권의 책을 만들어 왕에게 바쳤고, 이를 본 왕은 다시 한 권의 책으로 만들라고 지시했다. 그후에는 한 페이지로, 한 문장을 만들게 했다. 비로소 만족한 왕은 현인들에게 후한 상을 내렸고, 그것을 온 백성에게 알렸다. 왕이 만족한 문장은 바로 "세상에 공짜는 없다."였다.

많은 사람들이 질문을 한다.
"어떻게 하면 당신처럼 잘 웃을 수 있나요?"

"공짜가 있겠습니까?"

아침에 출근해서 혼자 하하하 웃었다. '무슨 좋은 일 있나?' 싶어 이 사람 저 사람 문을 열어보고 간다. 그리고 한마디씩 한다.

"미쳤나?"

미치지 않는 이상 공짜는 없다.

사람이 웃었을 때 움직이는 얼굴 근육은 23퍼센트에 불과하다. 나머지는 찡그릴 때 움직이는 근육이다. 즉 찡그리기가 쉽다는 이야기다. 그러므로 웃는 얼굴을 만들기 위해서는 끊임없이 단련해야 한다.

"오늘도 내 인생의 최고의 날이다. 하하하!"

"나는 날마다 모든 면에서 점점 더 좋아지고 있다. 하하하!"

> 나는 웃음의 능력을 보아왔다.
> 웃음은 거의 참을 수 없는 슬픔을 참을 수 있는 어떤 것으로,
> 더 나아가 희망적인 것으로 바꾸어줄 수 있다.
> ─ 밥 호프

첫마음을 고수하라.

한 남자가 필리핀에서 양봉업을 시작했다.
필리핀에서는 사계절 내내 꽃이 피어
일 년 내내 꿀을 모을 수 있을 거라고 생각했다.
그런데 필리핀 꿀벌들은 꿀을 모으지 않았다.
언제나 꿀을 먹을 수 있기 때문이었다.
그래서 그는 한국의 꿀벌을 필리핀으로 가져갔다.
필리핀으로 이사 온 꿀벌들은 정신없이 꿀을 모았다.
하지만 계절이 지나자 수확량이 현저히 줄어들기 시작했다.
이 꿀벌들 역시 꿀을 모아야 할 이유가 없었던 것이다.
당신이 성공하지 못하는 이유를 혹시 다른 곳에서 찾고 있지는 않은가?
세상이 변한 것이라고 탓하지만
사실 내 마음이 변한 것이다.
처음 가졌던 그 첫마음을 잊지 마라.

54
스트레스를 다스려라

중국 진나라의 환공이 촉나라를 정벌하기 위해 양쯔 강 중류의 협곡인 삼협(三峽)이라는 곳을 지나게 되었다. 이곳은 중국에서도 험하기로 유명한 곳이다.

이곳을 지나면서 한 병사가 새끼원숭이 한 마리를 잡아왔다. 그런데 새끼원숭이의 어미가 환공이 탄 배를 좇아 백여 리를 뒤따라오며 슬피 울었다. 그러다가 배가 강어귀가 좁아지는 곳에 이를 즈음에 어미 원숭이는 몸을 날려 배 위로 뛰어올랐다. 하지만 어미 원숭이는 자식을 구하려는 일념으로 애를 태우며 달려왔기 때문에 배에 오르자마자 죽고 말았다.

배에 있던 병사들이 죽은 원숭이의 배를 가르자 창자가 토막 토막 끊어져 있었다. 자식을 잃은 슬픔이 창자를 끊은 것이다. 배 안의 사람들은 모두 놀라고, 이 말을 전해 들은 환공은 새끼원숭이를 풀어주고 그 원숭이를 잡아왔던 병사를 매질한 다음 내쫓아버렸다.

그후 단장(斷腸)은 마음이 몹시 슬프다는 뜻으로 쓰인다. 요즘 말로 표현하면 '스트레스'일 것이다. 스트레스는 마음을 억누르는 데서 발생하는 것으로 우리를 우울하게 만들거나, 예민하게 만들고, 화가 나서 잠도 이룰 수 없게 만든다. 한마디로 마음의 평정을 깨는 것이다.

적당한 스트레스는 긴장을 가져와 업무 추진에 자극을 주지만, 지나친 스트레스는 절망과 분노를 불러일으킨다. 그러므로 행복은 스트레스를 얼마나 잘 다스리느냐에 달렸다.

> 웃음은 대체 의학이 아니라 참 의학이다.
> — 리 버크

55
재치를 활용하라

요즘은 지하철을 타면 열차 안에서 저렴한 물건을 파는 잡상인을 자주 만날 수 있다. 그들 중 독특한 기술을 가진 사람들이 있다.

"여러분 안녕하세요? 이 플라스틱에 털이 난 거 뭔지 아세요? 예, 맞습니다. 칫솔입니다! 마데 인 차이나(Made in China)라고 쓰여져 있네요. 이 칫솔을 왜 가지고 나왔을까요? 맞습니다. 팔려고 나왔습니다! 그런데 팔릴까요, 안 팔릴까요? 저도 궁금합니다. 그렇다면 안 팔린다고 제가 실망할까요? 아뇨, 저는 조금도 실망하지 않습니다! 왜냐하면 저에게는 다음 칸이 있기 때문입니다!"

잡상인의 재치는 열차 안에 있던 사람들의 마음을 사로잡았고, 어떤 상인보다 많이 팔고 다음 칸으로 자리를 옮겼다.

재치가 없는 사람은 자주 미로에 빠지지만, 재치가 있는 사람은 미로를 만들어간다. 재치와 웃음은 경계심을 허물고 마음을 열게 만든다. '초보운전'이라는 말보다 '형님 갑갑하시지요? 지는 더 갑갑해유~'라는 말에 한 번 더 웃을 수 있고, 웃고 나면 마음에 여유가 생긴다.

우리는 살아가는 동안 자주 난처한 상황과 마주친다. 그럴 때마다 위축되지 말고 당신이 가진 재치를 활용하라.

> 만일 천국에서 웃음이 허용되지 않는다면
> 나는 그곳에 가고 싶지 않다.
> — 마틴 루터

따뜻한 말 한마디를 건네라.

항상 사람들에게 친절한 할머니에게 물었다.
"어떻게 항상 따뜻한 사랑을 줄 수 있나요?"
할머니는 눈물을 글썽이며 말했다.
"저는 어렸을 때 아주 쌀쌀맞은 아이였습니다.
남의 잘못은 반드시 지적하는 심술궂은 아이였죠.
그런데 제2차 세계대전이 일어나면서 유대인이라는 이유로
아우슈비츠 수용소에 끌려갔습니다.
가는 길에 일곱 살 남동생이 덤벙대다가 자꾸 장난감을 떨어뜨렸어요.
저는 매정하게 쏘아붙였습니다.
'이 칠칠치 못한 녀석아! 정신 좀 차려!'
그것이 동생에게 건넨 마지막 말이었습니다.
그때 결심했습니다.
누구에게든 사랑이 없는 말은 하지 않기로."
우리는 하루 동안 어떤 말들을 가장 많이 할까?
'안 돼, 하지 마라.'
'제대로 좀 해라.'
'도대체 누굴 닮았니?'
후회할 걸 알면서도 순간을 참지 못하는 우리.
열 마디 충고보다 침묵을 선택하는 쪽이 낫다.

56
포용의 리더십을 키워라

만델라는 남아프리카 민주화 운동의 대가로 46세 나이에 종신형을 선고받았다. 71세에 석방될 때까지 25년을 감옥에서 살았다. 그로부터 4년 뒤인 1994년에 대통령에 당선되었다. 철저히 통제된 공간에서는 바깥세상과 소통할 수 있는 방법이 없었을 텐데 그는 어떻게 대통령에 당선되었을까?

바로 만델라의 사람을 소중히 여기는 리더십 때문이다. 만델라는 모든 사람을 이해하고 포용하는 것으로 잘 알려져 있다. 그래서 그를 사람 취급도 하지 않았던 매우 야만적인 간수들까지도 이해하고 화해하려는 노력을 기울였다. 그들이 사람 취급을 하지 않을 때도 선물인 양 감사히 받아들였다고 한다. 그래서 그의 국민들은 만델라를 높은 위치에서도 국민을 섬기는 지도자, 무엇보다 국민의 처지를 이해할 수 있는 사람으로 평가했기에 대통령에 당선되었다.

이에는 이로, 눈에는 눈으로 내가 당한 만큼 갚아주고 싶은 것이 인간의 본성이다. 그래야만 속이 시원할 것 같다. 그러나 예수님은 포용으로 사람들을 품으셨다.
"누군가가 네 오른쪽 뺨을 때리거든 왼뺨까지 내밀어라."
"누군가가 네 속옷을 가지려고 한다면 겉옷까지 벗어주어라."
"누군가가 오 리를 가자고 한다면 십 리까지 가라."
꺾어지기 쉬운 리더십보다 부드러운 리더십이 한없이 부러울 뿐이다.

> 어떤 사람의 희망은 미술에 있고, 어떤 사람의 희망은 명예에 있고, 어떤 사람의 희망은 황금에 있다.
> 그래도 나의 큰 희망은 사람에 있다.
> ― 윌리엄 부스

57
명품처럼 살아라

한 아버지가 심리학을 전공하겠다는 아들의 이야기를 듣고 화를 냈다. 아들이 최고 대학의 의대나 법대를 갈 것이라는 믿음으로 모든 희생을 감수해 온 아버지였다.
"아버지는 하고 싶은 것 다하고 사는 줄 아니? 그러니까 너도……."
아들의 눈빛을 본 아버지는 말을 잇지 못했다. 잠시 후 아버지가 다시 입을 열었다.
"하고 싶은 것을 못하고 살았더니 후회가 되더구나. 너는 하고 싶은 것 하며 살아라."

가방에만 명품과 모조품이 있는 것이 아니다. 인생도 명품 인생과 모조품 인생으로 나뉜다. 자신의 의지도 없이 그저 다른 사람들이 몰려가는 방향을 생각 없이 좇아가는 것은 모조품 인생이다. 처음에는 그럴싸해 보이지만 시간이 지날수록 빛을 잃는다.

자신의 희망을 접고 부모를 대신해서 살아야 하는 삶, 나답게 살지 못하고 내 안의 욕구를 꾹꾹 눌러야만 하는 삶은 결코 행복을 얻을 수 없다.

반면 사람들에게 보여지는 모습에 연연하지 않고 나답게 사는 삶이야말로 명품 인생이다. 이 세상이 끝나는 날, 명품 인생만이 미소 지을 수 있을 것이다.

> 이 세상을 움직이는 힘은 희망이다.
> 얼마 후 성장하여 새로운 종자를 얻을 수 있다는 희망이 없다면 농부는 밭에 씨를 뿌리지 않는다. 아이가 태어난다고 하는 희망이 없다면 젊은이는 결혼을 할 수가 없다. 이익을 얻게 된다는 희망이 없다면 장사꾼은 장사를 할 수가 없다.
> ― 마틴 루터

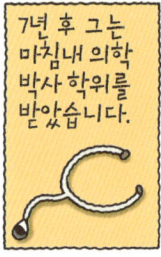

58
고정관념의 틀을 깨라

200명의 사람을 두 그룹으로 나누어 실험을 했다. 잠들기 전에 A팀에게는 커피 석 잔을 마시게 했고, B팀에게는 따뜻한 우유 세 컵을 마시게 했다.

다음 날 아침 사람들에게 물었더니 커피를 마시고 잠든 100명 중 약 65퍼센트의 사람들은 엎치락뒤치락했고, 17퍼센트는 아예 잠을 이루지 못했고, 18퍼센트만이 겨우 잠을 잤다고 했다. 반면 우유를 마신 B그룹은 거의 모두가 편안히 잘 잤다고 했다.

그런데 놀라운 사실은 카페인은 커피에 들어 있었던 것이 아니라 우유 속에 들어 있었다. 그렇다면 왜 이런 반대의 결과가 나왔을까? 커피에는 카페인이 들어 있고, 우유는 몸에 좋다는 고정관념 때문이다.

우리는 많은 고정관념을 가지고 살아간다.
"돈이 없으니까 아무것도 할 수가 없어."
"출세를 하려고 해도 배경이 있어야지……."
"웃을 일이 있어야 웃지!"
반면 어떤 사람들에게는 이런 신념이 있다.
"돈이 떨어지면 꼭 어디서 생긴다 말이야."
"웃으니까 웃을 일만 생기네~"
"생각만 해도 생각이 이뤄지네. 놀라워~"

> 우리 세대의 가장 위대한 발견은 한 인간이 태도를 바꿈으로써
> 자기 인생을 바꿀 수 있다는 사실이다.
> ― 윌리엄 제임스

59
진짜 즐거운 일을 찾아라

"누가 뭐래도 제가 행복하면 되잖아요? 수입은 예전의 절반도 안 되지만 원하는 일을 마음껏 할 수 있어서 두 배로 행복합니다. 불확실성이 두렵기는 해도 일단 답을 찾고 용기를 내면 별 것 아니더라고요."
나이키의 '세계 요가 홍보대사' 재미동포 김수진 씨의 이야기이다. 미국 UCLA에서 경제학을 전공하고 투자관리 회사에 입사해 남부럽지 않은 경력을 쌓았다. 그러나 진정으로 원하는 일이 아니었기에 행복은 없었다.

진짜 인생을 산다는 것은 '진짜 즐거운 일'을 찾는 것이다. 나의 에너지가 어디서 솟아나오는지 마음의 소리를 듣지 않고서는 불가능하다. 그동안 우리는 어머니의 인생을 살았고, 아버지의 인생을 살았고, 배우자의 인생을 살았고, 아이의 인생을 살았을지도 모른다.

이제는 마음의 소리에 귀를 기울여라. 그리고 즐거움을 자극할 수 있는, 그동안 안 해본 짓을 하라. 당신의 행복한 삶을 위해서!

> 일을 즐겁게 하는 자는 세상이 천국이요,
> 일을 의무로 생각하는 자는 세상이 지옥이다.
> ― 레오나르도 다 빈치

60
내가 웃어야 거울이 웃는다

한 호텔에 흑인 관광객이 투숙했다. 호텔의 남자 직원은 즐거운 마음으로, 항상 웃는 얼굴로 서비스를 했다. 그 흑인 관광객은 고마움의 표시로 테이블 위에 팁을 남기고 고국으로 돌아갔다. 팁은 자그마치 2천만 원이었다. 호텔 직원에게는 일 년을 일해야 벌 수 있는 돈이었다.
그 투숙객은 다름 아닌 아프리카 소국의 국왕이었던 것이다.
한 사람의 즐거운 서비스가 2천만 원의 가치를 한 것이다.

그럼 지금 내가 짓고 있는 얼굴 표정의 가치는 얼마나 될까?
미국의 경제학자 케네스 볼딩은 '거울 원칙'에 대해서 말하고 있다. 사람이 거울 앞에 서서 웃는 표정을 하면 거울 속의 상대도 웃지만, 화를 내거나 부정적인 표정을 지으면 거울 속의 상대방도 부정적인 표정을 짓는다는 것이다. 나의 찡그린 표정은 상대방의 행복을 훔치는 역할을 하기도 한다.

> 웃지 않고 지내는 날은 최고로 낭비한 날과 같다.
> ─ 프랑스 속담

61
먼저 웃음을 팔아라

미국 프린스턴 대학교 판매연구소의 제이슨 박사가 150명을 동원하여 판매량과 웃음의 상관관계에 관한 재미있는 실험을 했다. 50명은 시종일관 웃음을 띠게 하고, 50명은 무표정한 얼굴로 판매를 하게 했다. 나머지 50명은 험상궂게 인상을 쓰며 상품을 판매했다. 결과는 다음과 같았다.

웃고 있는 팀은 목표량의 10배를 팔았다.

무표정 팀은 목표량의 30퍼센트를 팔았다.

험상궂은 인상은 아무것도 팔지 못했다.

평상시 우리의 심장박동 수는 77회 정도의 안정감 속에 있다. 그러나 긴장을 하면 우리의 심장박동 수는 100회까지도 올라간다. 이러면 할 말을 못하게 된다. 이때 소리 내어 웃으면 심장박동은 느려지며 안정감을 찾고 편안한 인상을 짓게 한다.

신기하게도 내가 불편한 감정을 가지고 있으면 상대방도 알아챈다. 하지만 내가 편안함을 가지고 있으면 상대방도 마음이 안정된다.

긴장이 된다면 일단 웃어라. 물건을 팔기 전에 편안함을 먼저 팔아라. 지금 되는 일이 없다면 먼저 웃음을 팔아라.

> 만일 그가 여전히 웃을 수 있다면 그는 가난하지 않다.
> ― 레이먼드 히치콕

위기가 오면 한 번 더 웃어라.

미국 대통령 아이젠하워가 연설을 하고 내려오다가 넘어졌다.
아이젠하워는 당황하지 않고 말했다.
"여러분이 즐겁다면 한 번 더 넘어질 수 있습니다."
아이젠하워의 유머에 청중은 한 번 더 웃을 수 있었고
그는 위기에도 재치를 발휘하는 사람으로 인정받았다.
유머는 위기를 자연스럽게 넘길 수 있는 힘을 주고,
더불어 모든 사람들을 포용할 수 있도록 만든다.
리더십을 키우고 성공하고 싶다면
유머의 힘을 배워라.
그리고 한 번 더 웃어라.

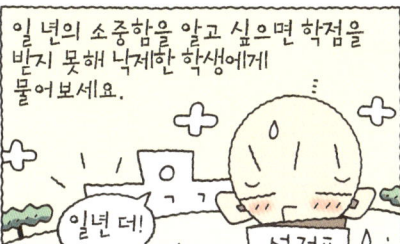

62
가장 가까운 사람에게
가장 좋은 얼굴로 대접하라

은행에서 동전을 교환하려는 할아버지가 있었다.
"아가씨~ 주차증을 받을 수 있을까요?"
은행원은 할아버지를 쳐다보지도 않았다.
'말도 안 되는 소리를 하고 있네.'
할아버지는 용기를 내어 다시 한 번 부탁했다.
"주차증 없거든요! 그리고 동전만 바꾸는 사람에게는 줄 수 없어요."
거듭 부탁을 한 할아버지는 기분이 무척 상했다. 얼굴을 들지도 않는 아가씨의 태도가 불쾌하기 그지없었던 것이다. 결국 할아버지는 은행의 책임자를 불러 자신의 예금을 다른 곳으로 이체해 주기를 요구했다. 알고 보니 할아버지는 그 은행의 VIP 고객이었다. 지점장이 거듭 사과를 했지만 이미 물은 엎질러진 상태였다.

고객에게는 항상 친정집에 온 가족 대하듯 해야 한다. 반갑게 맞아주고, 한 번 더 웃어주고, 한 번 더 배려해 주어야 한다. 그것이 그 고객을 영원한 단골로 만드는 비결이다.

미국의 루즈벨트 대통령은 주위 사람들일수록 한 번 더 이름을 불러주고, 한 번 더 칭찬을 해주었다고 한다. 소홀하기 쉬운 것이 가장 가까이 있는 사람이기 때문이다.

> 성공의 85퍼센트는 인간관계에 의해서 결정된다.
> 인간관계는 한 가지로 알아볼 수 있는 것이 있다.
> 한마디로 단언한다면 얼마나 잘 웃느냐가 인간관계를 결정한다.
> ― 브라이언 트레이시

63
좋은 소식을 만들어라

미국 남북전쟁의 영웅 그랜트 장군의 회고록에 다음과 같은 내용이 있다.

'9개월에 걸친 전쟁 중 하루는 두통이 심하여 대열에서 이탈하여 어떤 농가에서 휴식을 취했다. 밤새도록 겨자탕에 두 발과 손목을 담그고 있었다. 목 뒤는 겨자찜질을 붙이고 아침까지 좋아지기를 빌었다. 이튿날 아침, 말끔히 그 증상이 나았다. 한 병사가 상대 장군의 항복 문서를 갖고 왔기 때문이다.'

걱정과 긴장의 스트레스가 장군을 병들게 했던 것이다.

모든 것은 마음에서 시작된다. 우리 마음에는 두 갈래의 길이 있다. 하나는 부정적인 마음이다. 그 길에는 미움, 시기, 질투, 실패, 좌절, 불평, 불만 등이 열매를 맺는다. 다른 길에는 사랑, 믿음, 소망, 연합, 성공, 기쁨, 만족, 행복 등이 열매를 맺는다.

미국의 심리학자인 윌리엄 제임스는 이렇게 말했다.

"우리 세대의 가장 위대한 발견은 자신의 마음가짐을 바꾸는 것이다."

마음가짐을 바꾸기 위해 우선 좋은 소식을 떠올려라.

좋은 소식을 마음속으로 그리다 보면 그 일이 점점 더 가까워진다.

> 생각과 말과 행동의 완전한 조화에 네 목표를 겨냥하라.
> 모든 일이 잘 풀릴 것이라는
> 긍정적인 생각에 네 목표를 겨냥하라.
> — 마하트마 간디

64
마음과 생각을 지켜라

심신의학과 인간 잠재력 개발 분야에서 세계적으로 유명한 의학자인 초프라 박사에게 옆구리 통증을 호소하는 중년 부인이 찾아왔다. 염증을 떼어내고자 수술에 들어갔으나 이미 온몸에 암이 전이되어 손도 못 쓰고 덮어야 했다. 그 중년 부인의 딸은 초프라 박사에게 간곡한 부탁을 했다.
"어머니에게 아무 말도 말아주세요. 알게 되시면 이 자리에서 죽어요."
부인은 염증을 떼어낸 줄 알고 퇴원을 했다. 몇 달 후 병원에서 그 중년 부인을 만났는데, 그녀는 혈색이 아주 좋았고 건강해 보였다. 검진 결과 기적이 일어났다. 암세포의 흔적을 발견할 수 없었던 것이다.

"매우 건강하십니다!"

"그때 염증을 떼어내고 두 번 다시 아플 일은 없을 거라고 늘 생각했거든요."

생각의 결과란 이렇게 무서운 것이다.

마음은 행복의 근원이자 변화의 시작이다. 《누가 내 치즈를 옮겼을까?》에 보면 두 마리의 생쥐와 두 꼬마인간이 나온다. 곳간에 치즈가 줄고 있을 때 두 생쥐는 현실을 받아들이며 새로운 길을 찾아나선다. 그러나 꼬마인간은 그때부터 오만 가지 부정적인 생각에 휩싸인다. 두 생쥐에게는 단지 음식이 없어질 뿐이지만, 두 꼬마인간에게는 행복의 상징이 송두리째 없어진 것이다.

예상치 못했던 변화는 언제든지 일어난다. 이때 우리가 지켜야 할 것은 마음과 생각이다.

> 우리가 무엇을 생각하느냐는 우리가 어떤 사람이냐를 결정한다.
> 우리가 어떤 사람이냐는 우리가 무엇을 하느냐를 결정한다.
> ─ 존 로크

부드러움이 쇠를 꺾는다.

중국 한나라에 '이광'이라는 장군이 있었다.
이광은 부하들에 대한 태도가 남달랐다.
행군 도중 우물을 보면 병사들이 먼저 마신 뒤에야 자신이 마셨고,
음식도 병사들보다 먼저 먹지 않았다.
전리품까지도 부하들과 골고루 나누었다.
이를 보고 다른 장군들은 이광을 비난했다.
"병사는 엄하게 다루어야 합니다.
그렇게 풀어놓으면 적의 기습이 있을 때 어쩝니까!"
하지만 이광의 군대는 전쟁마다 승리를 거두었다.
부하들은 이광을 위해서라면 언제라도 목숨을 내놓았기 때문이다.
목표를 이루기 위해서는 반드시 채찍이 필요하고,
원활한 의사소통을 위해서는 위계질서가 필요하다는 원칙은
몸은 살 수 있어도 마음은 사기 어렵다.
상대의 마음을 얻으려면 먼저 내 마음을 주어야 한다.

충북 제천의 한 보육원에는
간판이 없습니다.
보육원 승합차에도
아무 이름이 없습니다.

그 앞에서 서는 시내버스에도
무슨무슨 보육원 앞 하는
정류장 이름이 없고
마을 사람들도 그냥 그 집이라고
부릅니다.

이유는 단 하나…
그 집 아이들이
안 좋아하기 때문입니다.

65
말똥을 보면 조랑말을 찾아라

어느 부부가 쌍둥이 형제를 낳았다. 그런데 한 아이는 지나칠 정도로 부정적이었고, 다른 아이는 모든 일을 긍정적으로 보았다. 부모는 아이들의 성격을 바꿔볼 요량으로 부정적인 아이에게는 새 자전거, 기차 세트, 보드게임 등 재미있는 장난감을 크리스마스 선물로 준비했다. 그리고 긍정적인 아이에게는 말똥 한 더미를 선물로 주기로 했다.

크리스마스 아침, 부정적인 아이는 기뻐하기는커녕 "자전거는 몇 번 타면 곧 더러워지고 긁힐 거야. 다른 장난감들도 고장 나고 닳아버리겠지……"라면서 불평했다. 반면에 긍정적인 아이는 말똥을 보고는 기뻐서 깡총깡총 뛰었다. 부부는 깜짝 놀라 이유를 물었다.

"말똥이 있는 것을 보니 집안 어딘가에 조랑말도 있을 거 아녜요!"

— 마크 샌번의 《CEO도 반하는 평사원 리더》 중에서

어떤 상황에서도 긍정의 마음을 갖는다는 것은 노력이 필요하다. 자신이 부정적인 사람인지조차 모르는 경우가 더 많다.

오늘 가장 좋았던 일들은 무엇이었는지 써보라. 또한 싫었던 일들은 무엇이었는지도 써보라. 그리고 그 옆에 그것 때문에 배울 수 있었던 것을 적다 보면 잘 되면 감사하고, 안 되더라도 다음을 기대하게 된다. 똥꿈을 꿨을지라도 돈이 늘어오는 꿈으로 해석이 된다.

> 낙관주의자는 장미에서 가시가 아니라 꽃을 보고,
> 비관주의자는 꽃을 망각하고 가시만 쳐다본다.
> — 칼릴 지브란

66
매일매일 마음을 씻어라

어떤 사람이 도끼를 잃어버렸다. 이웃집 아들이 훔쳐간 듯했다. 그는 평소보다 빨리 걸었고, 말하는 것도 빨랐다. 모든 행동들이 '슬쩍 해간' 사람 같았다. 그러던 어느 날 골짜기를 지나가다가 잃어버렸던 도끼를 찾았다. 나무를 베다가 바위 밑에 숨겨두었던 것을 깜박 잊었던 것이다. 다음 날 아침에 의심했던 이웃집 아들을 만났다. 그의 동작과 태도가 도끼를 훔친 사람 같지 않았다.

한 사람이 착한 사람, 나쁜 사람으로 보이는 것은 마음 상태에 따른 결과다. 좋은 생각은 마음을 밝게 하지만, 나쁜 생각은 판단을 흐리게 하기 때문이다.

  중국 은나라 탕왕은 세숫대야에 다음의 글을 써놓고 매일 보았다고 한다. 자신의 섣부른 행동과 생각을 경계하기 위함이었다.

  "苟日新 日日新 又日新(진실로 매일 새로워져라. 매일 매일 새로워지고 또한 매일 새로워져라)."

  웃음은 나쁜 감정을 몰아내고, 좋은 감정을 만들어낸다. 이 좋은 감정은 세상을 긍정적으로 바라보는 마음의 창이다. 행복한 생각을 하면 모든 세상이 행복해 보인다.

> 생각을 바꾸면 세상이 변할 것이다.
> — 노먼 빈센트 필

67
계속 도전하라

문을 걸어 잠그고 책을 읽고 있노라면 27개월 된 아이가 문을 마구 두드린다.

"엄마 똑똑, 엄마 똑똑."

소리쳐보고 문고리를 돌려봐도 열리지 않으면 그냥 돌아간다. 아이에게 너무했나 싶어 잠금 버튼을 해제하고 아이를 기다리고 있으면 잠시 후에 아이가 다시 문을 두드린다.

"엄마 똑똑, 엄마 똑똑."

그런데 이번에는 그냥 돌아선다. 분명 문이 잠겨 있을 것이라고 생각해서 아예 문고리를 돌려보지 않는 것이다.

아이의 모습을 보면서 어린 코끼리 훈련법이 생각났다. 어린 코끼리를 훈련시키기 위해 쇠사슬로 다리를 묶어둔다. 멀리 갈 수 없음을 알게 된 아기 코끼리의 뇌에는 '불가능'이 입혀진다. 어른 코끼리가 되어 한방에 쇠사슬을 끊을 수 있는 힘이 있어도 도전하지 않는다. 익숙해졌기 때문이다.

익숙함이 하루 이틀 지나면 편안해지고, 그러다 보면 안일해진다. 그 안일함에서 벗어나기 위해 우리는 계속 도전해야 한다. 때로는 뼈를 깎는 아픔일 수도 있고, 때로는 큰 손해를 감수할 때도 있겠지만 그 뒤에는 반드시 희망이 있음을 잊지 말자.

> 인생은 힘들면 힘들수록 웃음이 필요하다.
> — 빅토르 위고

지은이 | 이요셉 · 채송화

현재 한국웃음연구소 공동 소장으로, 웃음으로 개인과 가정의 행복을 주도했고, 수많은 암 환자와 아토피, 관절염 환자에게 웃음 치료를 전파했다. LG전자, 한전, 하이마트 등 기업과 서울대병원, 세브란스병원, 안동병원 등을 비롯해 청와대, 검찰청, 영등포구청 등 공공기관을 포함한 수많은 조직을 대상으로 한 편 경영 강의는 탁월한 성과와 혁신을 이끌어냈다. 저서로는 《인생을 바꾸는 웃음전략》《하루 5분 웃음 운동법》《즐거운 아버지》《웃음으로 기적을 만든 사람들》《개인도 기업도 이젠 웃어야 성공한다》 등이 있다.

그린이 | 최영순

어려운 말보다는 일상의 쉬운 언어로, 긴 설명보다는 짧고 함축적인 메시지로 표현한 그의 만화는 어려운 마음 공부를 그 어떤 책보다도 쉽고 유머러스하고 감동적으로 보여준다는 평을 받고 있다. 저서로는 《마음밭에 무얼 심지?》《행복 콘서트》 등이 있다.

나와 세상을 살리는
착한 웃음

초판 1쇄 발행 2010년 3월 12일
초판 3쇄 발행 2013년 11월 7일

지은이 | 이요셉 채송화
그린이 | 최영순
펴낸이 | 한순 이희섭
펴낸곳 | 나무생각
편집 | 양미애
디자인 | 김서영
마케팅 | 박용상
출판등록 | 1998년 4월 14일 제13-529호
주소 | 서울특별시 마포구 서교동 475-39 1F
전화 | 02)334-3339, 3308, 3361
팩스 | 02)334-3318
이메일 | tree3339@hanmail.net
홈페이지 | www.namubook.co.kr

ISBN 978-89-5937-188-4 03320

값은 뒤표지에 있습니다.
잘못된 책은 바꿔 드립니다.